Ai Marke Revolution: come l'intelligenza artificiale sta riscrivendo le regole del marketing moderno

Filippo Bonavanno

DEDICA

A mio fratello che mi ha ispirato questo cammino.

INDICE

Capitolo 7: L'AI nella misurazione del ROI delle attività di marketing
Come l'intelligenza artificiale può aiutare a valutare l'efficacia delle strategie di marketing

Capitolo 8: L'AI nella gestione dei dati e della privacy
Come l'intelligenza artificiale può aiutare a gestire in modo sicuro e responsabile i dati dei clienti

Capitolo 9: L'AI nella predizione del comportamento dei consumatori
Come l'intelligenza artificiale può prevedere il comportamento dei clienti per migliorare le strategie di vendita

Capitolo 10: Conclusioni e prospettive future
Come l'intelligenza artificiale continuerà a influenzare e trasformare il marketing nel futuro

APPENDICE

- Glossario dei termini tecnici

RINGRAZIAMENTI

Grazie ai miei genitori.

INTRODUZIONE

Nel contesto odierno, l'intelligenza artificiale (AI) sta trasformando ogni aspetto del marketing, offrendo alle aziende strumenti avanzati per ottimizzare le strategie, comprendere meglio i consumatori e prevedere tendenze future. Questo libro è dedicato ai marketer, ai professionisti del settore e a chiunque desideri approfondire come l'AI possa essere applicata in modo pratico ed efficace nelle attività quotidiane di marketing.

"Marketing Intelligente: Come l'Intelligenza Artificiale Sta Rivoluzionando Strategie, Dati e Consumatori" è una guida completa che esplora le numerose possibilità offerte dall'intelligenza artificiale per migliorare la gestione delle campagne, la segmentazione dei mercati, la personalizzazione delle esperienze, la misurazione del ritorno sugli investimenti (ROI) e molto altro. In questo libro, troverete un'analisi approfondita dei principali sviluppi tecnologici che stanno modificando la disciplina del marketing, supportata da esempi concreti, case study e approcci pratici per integrare l'AI nelle vostre strategie.

Cosa troverete in questo libro?

1. Un'analisi completa dell'impatto dell'AI sul marketing – Capirete come l'intelligenza artificiale stia cambiando il panorama del marketing, migliorando la comprensione dei clienti, la personalizzazione delle offerte e ottimizzando le campagne pubblicitarie.

2. Strumenti avanzati per la segmentazione e la ricerca di mercato – Esplorerete come l'AI può affinare la segmentazione del mercato, analizzare i comportamenti e i bisogni dei consumatori, e come questi dati possano essere utilizzati per sviluppare strategie di marketing più precise.

3. L'utilizzo dell'AI per la previsione e la gestione delle tendenze di mercato – Scoprirete come le tecnologie predittive possano aiutarvi a anticipare le tendenze e a ottimizzare le decisioni aziendali in tempo reale.

4. Ottimizzazione delle campagne pubblicitarie e del ROI – Approfondirete le metodologie per utilizzare l'AI nella gestione e nell'automazione delle campagne, con un focus specifico sulla misurazione del ritorno sugli investimenti, un elemento cruciale per il successo a lungo termine di qualsiasi strategia di marketing.

5. Gestione sicura dei dati e protezione della privacy – L'AI non è solo un potente strumento di marketing, ma anche un alleato nella gestione dei dati e nella tutela della privacy, due aspetti che sono oggi fondamentali per il buon funzionamento delle attività aziendali.

6. Predizione dei comportamenti dei consumatori – Imparerete come l'intelligenza artificiale possa aiutarvi a prevedere i comportamenti d'acquisto, migliorando le vostre strategie di vendita e la gestione della customer journey.

Questo libro non è solo una panoramica teorica, ma un manuale pratico per applicare concretamente l'AI nel marketing. Attraverso ogni capitolo, vi guiderò in un viaggio che vi permetterà di comprendere e sfruttare al meglio le potenzialità dell'intelligenza artificiale, portando il vostro marketing a un livello superiore.

Che si tratti di ottimizzare le vostre campagne pubblicitarie, migliorare la personalizzazione delle esperienze clienti o misurare con maggiore precisione l'efficacia delle vostre strategie, questo libro vi fornirà gli strumenti necessari per affrontare le sfide e le opportunità che l'AI porta con sé nel marketing moderno.

Preparatevi ad esplorare come l'intelligenza artificiale stia cambiando il volto del marketing e come possiate utilizzare questa tecnologia per ottenere risultati straordinari.

Capitolo 1: Introduzione all'AI Marketing
Come l'intelligenza artificiale sta rivoluzionando il mondo del marketing

L'intelligenza artificiale (AI) sta rivoluzionando il mondo del marketing in modi mai visti prima. Grazie ai rapidi avanzamenti nella tecnologia, l'AI è diventata una potente risorsa per le aziende che cercano di migliorare la loro strategia di vendita. L'AI marketing, come viene chiamato, combina l'intelligenza artificiale con il marketing tradizionale per creare esperienze personalizzate e mirate per i consumatori.

Immagina di poter creare una campagna pubblicitaria che raggiunga esattamente il tuo pubblico di riferimento, con il messaggio giusto, nel momento giusto. Questo è ciò che l'AI marketing può offrire. Utilizzando algoritmi complessi e l'apprendimento automatico, l'AI può analizzare grandi quantità di dati e identificare i pattern comportamentali dei consumatori. Ciò consente alle aziende di creare contenuti altamente personalizzati che risuonano con il loro pubblico.

Un esempio concreto di come l'AI marketing può essere utilizzato è l'analisi dei dati dei social media. Le aziende possono utilizzare l'AI per monitorare e analizzare i comportamenti dei loro seguaci sui canali social, come Facebook, Twitter e Instagram. Questo fornisce informazioni preziose sulle preferenze dei consumatori, sui loro interessi e sulle loro abitudini di acquisto. Utilizzando queste informazioni, le aziende possono creare annunci mirati che si adattano ai gusti individuali dei consumatori.

Un altro esempio di come l'AI marketing sta rivoluzionando il settore è l'utilizzo di chatbot intelligenti. I chatbot sono programmi di intelligenza artificiale progettati per simulare una conversazione umana. Possono essere integrati sui siti web delle aziende o sulle piattaforme di messaggistica, consentendo alle aziende di fornire assistenza e supporto ai clienti in modo automatico e immediato. I chatbot possono rispondere alle domande dei clienti, fornire informazioni sui prodotti e persino completare transazioni. Ciò consente alle aziende di fornire un servizio clienti 24 ore su 24, 7 giorni su 7, senza la necessità di personale umano.

L'AI marketing sta anche cambiando il modo in cui le aziende creano contenuti. L'AI può generare automaticamente testi, immagini e video che si adattano alle preferenze dei consumatori. Ad esempio, un'azienda di moda potrebbe utilizzare l'AI per creare campagne pubblicitarie che mostrano agli utenti esattamente i capi di abbigliamento che desiderano vedere. Questo rende la pubblicità più rilevante per i consumatori e aumenta le probabilità di conversione.

Ma l'AI marketing non riguarda solo le campagne pubblicitarie. L'AI può anche essere utilizzata per migliorare l'esperienza del cliente. Ad esempio, molti siti di e-commerce utilizzano l'AI per fornire raccomandazioni di prodotti personalizzate ai clienti in base al loro storico di acquisti e alle loro preferenze. Questo aiuta i clienti a trovare rapidamente i prodotti che desiderano e aumenta le probabilità di acquisto.

In conclusione, l'AI marketing sta rivoluzionando il modo in cui le aziende si relazionano con i consumatori. Utilizzando algoritmi intelligenti e l'apprendimento automatico, le aziende possono creare esperienze personalizzate e mirate che risuonano con il loro pubblico di riferimento. L'AI marketing consente alle aziende di identificare i pattern comportamentali dei consumatori, creare annunci mirati, fornire assistenza automatizzata ai clienti e migliorare l'esperienza del cliente. Questo capitolo esplorerà in dettaglio le diverse applicazioni dell'AI marketing e fornirà esempi concreti di come le aziende stanno sfruttando al meglio questa tecnologia per migliorare le loro strategie di vendita.

L'intelligenza artificiale (IA) sta rivoluzionando il mondo del marketing in modi mai visti prima. Grazie alla sua capacità di analizzare enormi quantità di dati in tempo reale e di apprendere dai modelli, l'IA sta trasformando radicalmente la strategia di vendita delle aziende di ogni settore. Una delle principali applicazioni dell'IA nel marketing è la personalizzazione delle esperienze utente. Con l'IA, le aziende possono analizzare le preferenze e i comportamenti dei clienti per offrire contenuti e offerte altamente rilevanti ed efficaci.

Un esempio concreto di questo approccio è rappresentato dai motori di raccomandazione utilizzati dai colossi dell'e-commerce come Amazon e Netflix. Questi motori utilizzano algoritmi di machine learning per analizzare i dati storici di acquisto o visione degli utenti e suggerire loro prodotti o contenuti simili a quelli che hanno mostrato interesse in passato. Questo tipo di personalizzazione ha dimostrato di aumentare significativamente le vendite e l'engagement degli utenti.

Ma l'IA non si ferma solo alla personalizzazione delle esperienze utente. Le aziende possono utilizzare l'IA per migliorare la loro strategia di pricing, ottimizzando i prezzi in base alla domanda e al comportamento dei clienti. Ad esempio, un algoritmo di IA può analizzare i dati di vendita storici per identificare i momenti in cui la domanda è più alta e regolare i prezzi di conseguenza, massimizzando così i profitti.

Inoltre, l'IA può essere utilizzata per migliorare l'efficacia delle campagne di marketing. Le aziende possono utilizzare algoritmi di machine learning per analizzare i dati sui clienti e identificare i segmenti di mercato più promettenti. Questo permette di indirizzare le campagne pubblicitarie in modo più mirato e di ottenere un maggiore ritorno sull'investimento. Ad esempio, un'azienda di moda può utilizzare l'IA per identificare i clienti che sono più inclini a comprare prodotti di lusso e quindi concentrare le sue campagne pubblicitarie su di loro.

Ma l'IA non è solo un'opzione per le grandi aziende. Anche le piccole e medie imprese possono trarre vantaggio dall'utilizzo dell'IA nel loro marketing. Oggi esistono molte piattaforme e strumenti che consentono alle aziende di utilizzare l'IA senza dover sviluppare in proprio complessi algoritmi. Questo rende l'IA accessibile a tutti, indipendentemente dalla dimensione dell'azienda o dalla sua esperienza tecnologica.

Tuttavia, l'implementazione dell'IA nel marketing non è priva di sfide. Una delle principali preoccupazioni riguarda la privacy dei dati. Con l'IA, le aziende raccolgono e analizzano grandi quantità di dati personali dei clienti. È fondamentale garantire che questi dati siano protetti e utilizzati in modo etico. Le aziende devono rispettare le normative sulla privacy e informare i clienti su come vengono utilizzati i loro dati.

In conclusione, l'IA sta rivoluzionando il mondo del marketing, offrendo nuove opportunità per migliorare la personalizzazione delle esperienze utente, ottimizzare i prezzi e aumentare l'efficacia delle campagne di marketing. Tuttavia, è importante essere consapevoli delle sfide e delle responsabilità che derivano dall'utilizzo dell'IA nel marketing. Le aziende devono garantire la protezione dei dati e l'utilizzo etico dell'IA per ottenere i migliori risultati.

L'intelligenza artificiale (AI) sta rivoluzionando il mondo del marketing in modi mai visti prima, offrendo opportunità senza precedenti per migliorare le strategie di vendita e raggiungere risultati eccezionali. In questo capitolo introduttivo, abbiamo esplorato le basi dell'AI marketing e come questa tecnologia sta cambiando il gioco per le aziende di ogni settore.

Abbiamo iniziato analizzando l'evoluzione del marketing e come l'AI abbia aperto nuove prospettive per comprendere meglio i clienti e le loro esigenze. Attraverso l'elaborazione di grandi quantità di dati, l'AI può identificare modelli e tendenze nascoste, consentendo alle aziende di ottenere una comprensione più approfondita del loro pubblico di riferimento. Questo porta a una personalizzazione delle strategie di marketing che risulta estremamente efficace nel coinvolgere e soddisfare i clienti.

Un altro aspetto fondamentale dell'AI marketing è l'automazione dei processi. Grazie all'AI, le aziende possono automatizzare attività come l'analisi dei dati, la creazione di contenuti e la gestione delle campagne pubblicitarie. Questo non solo riduce i tempi e gli sforzi necessari per svolgere queste attività, ma migliora anche la precisione e l'efficacia delle operazioni di marketing. Ad esempio, l'AI può velocizzare il processo di segmentazione dei clienti, consentendo alle aziende di raggiungere il pubblico giusto con il messaggio giusto al momento giusto.

L'AI marketing offre inoltre strumenti avanzati per l'analisi dei sentimenti e l'elaborazione del linguaggio naturale. Questi strumenti consentono alle aziende di monitorare costantemente i social media, i forum online e altri canali di comunicazione per comprendere come i consumatori percepiscono il marchio e i suoi prodotti. Questo feedback in tempo reale consente alle aziende di adattare la propria strategia di marketing in modo tempestivo e mirato, migliorando così la fedeltà dei clienti e la reputazione del marchio.

Un altro aspetto cruciale dell'AI marketing è l'utilizzo delle tecnologie di apprendimento automatico per migliorare la previsione e l'analisi dei dati. L'AI può analizzare enormi quantità di dati storici e identificare modelli che gli esseri umani potrebbero non essere in grado di rilevare. Questo consente alle aziende di prevedere le tendenze di mercato future, anticipare le esigenze dei clienti e adattare la propria strategia di marketing di conseguenza. Ad esempio, un'azienda di moda potrebbe utilizzare l'AI per prevedere quali stili saranno di tendenza nella prossima stagione e pianificare di conseguenza la propria produzione e le proprie campagne pubblicitarie.

Infine, abbiamo esplorato alcuni casi di successo di AI marketing, che dimostrano come le aziende possano ottenere risultati straordinari utilizzando queste tecnologie. Un esempio è quello di una grande catena di negozi al dettaglio che ha utilizzato l'AI per migliorare la personalizzazione delle offerte e aumentare le vendite. Utilizzando algoritmi di apprendimento automatico, l'azienda è stata in grado di identificare i prodotti più adatti a ciascun cliente e di inviare offerte personalizzate tramite email e app mobile.

Questo ha portato a un aumento significativo delle vendite e della soddisfazione dei clienti.

In conclusione, l'AI marketing rappresenta una svolta epocale per le strategie di vendita delle aziende. Grazie all'elaborazione dei dati, all'automazione dei processi, all'analisi dei sentimenti e all'apprendimento automatico, le aziende possono ottenere una comprensione più profonda dei propri clienti, personalizzare le offerte in modo più efficace e prevedere le tendenze di mercato future. I casi di successo dimostrano che l'AI marketing può portare a risultati straordinari, migliorando la fedeltà dei clienti e aumentando le vendite. Nel prossimo capitolo, esploreremo più in dettaglio come l'AI possa migliorare la comprensione dei clienti e dei loro bisogni attraverso la ricerca di mercato.

Capitolo 2

Capitolo 2: L'impatto dell'AI sulla ricerca di mercato: Come l'intelligenza artificiale può migliorare la comprensione dei clienti e dei loro bisogni

L'impatto dell'AI sulla ricerca di mercato: Come l'intelligenza artificiale può migliorare la comprensione dei clienti e dei loro bisogni

L'avvento dell'intelligenza artificiale (AI) ha rivoluzionato il campo del marketing, offrendo nuove opportunità per comprendere i clienti e soddisfare i loro bisogni in modo più efficiente ed efficace. L'AI ha permesso di superare le limitazioni delle tradizionali tecniche di ricerca di mercato, consentendo alle aziende di ottenere informazioni approfondite e dettagliate sui propri clienti, i loro comportamenti, le loro preferenze e i loro bisogni.

Grazie all'AI, le aziende possono ora analizzare enormi quantità di dati provenienti da diverse fonti, come i social media, i siti web, le transazioni e le interazioni con i clienti. Questi dati possono essere elaborati e analizzati utilizzando algoritmi avanzati di machine learning, che consentono di individuare modelli e tendenze nascoste altrimenti difficilmente rilevabili. Ad esempio, un'azienda di abbigliamento può utilizzare l'AI per analizzare le interazioni dei clienti sui social media e identificare quali tipi di prodotti sono più popolari in determinate fasce di età o regioni geografiche.

Ma l'AI non si limita solo all'analisi dei dati esistenti. Grazie all'apprendimento automatico, l'AI può anche generare nuove informazioni e conoscenze, consentendo alle aziende di anticipare i bisogni dei clienti e di offrire prodotti e servizi personalizzati in modo proattivo. Ad esempio, un'azienda di e-commerce può utilizzare l'AI per analizzare i dati di acquisto dei clienti e sviluppare raccomandazioni personalizzate basate sui loro interessi e sulle loro preferenze.

Ma come funziona esattamente l'AI nella ricerca di mercato? Innanzitutto, è necessario acquisire e preparare i dati. Questo può richiedere l'accesso a diverse fonti di dati, la pulizia dei dati per rimuovere eventuali errori o duplicati e la loro aggregazione in un unico dataset. Successivamente, i dati possono essere analizzati utilizzando algoritmi di machine learning, che sono in grado di individuare pattern e correlazioni nei dati. Questi algoritmi possono essere supervisionati, cioè addestrati utilizzando dati etichettati da esperti umani, o non supervisionati, in cui l'algoritmo deve individuare da solo i pattern nei dati.

Una volta che i dati sono stati analizzati, è possibile estrarre informazioni e insight utili per le decisioni di marketing. Ad esempio, l'AI può essere utilizzata per identificare segmenti di clienti con caratteristiche simili, per individuare i fattori che influenzano l'acquisto di un prodotto o per prevedere le preferenze future dei clienti. Queste informazioni possono essere utilizzate per sviluppare strategie di marketing mirate, che si adattano ai bisogni specifici dei diversi segmenti di clienti. Ad esempio, un'azienda di cosmetici può utilizzare l'AI per identificare i fattori che influenzano l'acquisto di prodotti per la cura della pelle e sviluppare campagne pubblicitarie mirate a specifici segmenti di clienti.

Inoltre, l'AI può anche essere utilizzata per ottimizzare le decisioni di marketing in tempo reale. Ad esempio, un'azienda di e-commerce può utilizzare l'AI per monitorare in tempo reale le interazioni dei clienti con il proprio sito web e adattare le offerte e i contenuti in base al comportamento dei singoli clienti. Questo approccio, noto come marketing in tempo reale, consente alle aziende di offrire esperienze personalizzate e rilevanti per i propri clienti, aumentando l'efficacia delle proprie strategie di marketing.

In conclusione, l'AI ha un enorme impatto sulla ricerca di mercato, consentendo alle aziende di ottenere informazioni e insight dettagliati sui propri clienti e di sviluppare strategie di marketing più efficaci. Grazie all'AI, le aziende possono analizzare grandi quantità di dati, individuare pattern e correlazioni nascoste e anticipare i bisogni dei clienti. L'AI può essere utilizzata per personalizzare le offerte e i contenuti, ottimizzare le decisioni di marketing in tempo reale e migliorare complessivamente l'efficacia delle strategie di marketing. Nelle prossime sezioni di questo capitolo, esploreremo in dettaglio le diverse applicazioni dell'AI nella ricerca di mercato e forniremo esempi concreti e casi studio per illustrare i concetti e le teorie discusse.

L'impatto dell'AI sulla ricerca di mercato è profondo e trasformativo. L'intelligenza artificiale ha aperto nuove porte per comprendere meglio i clienti e i loro bisogni, consentendo alle aziende di migliorare le proprie strategie di marketing in modi mai visti prima. Grazie all'AI, le aziende possono raccogliere e analizzare enormi quantità di dati provenienti da diverse fonti, come i social media, i siti web e i dati di vendita, per ottenere una comprensione più accurata del comportamento dei consumatori.

Un esempio concreto di come l'AI può migliorare la ricerca di mercato è l'analisi dei sentimenti. Utilizzando algoritmi avanzati di machine learning, l'AI può analizzare i commenti dei clienti sui social media, le recensioni dei prodotti e le conversazioni online per identificare sia le opinioni positive che quelle negative. Questo consente alle aziende di comprendere meglio come i consumatori percepiscono i loro prodotti o servizi e di adattare le loro strategie di marketing di conseguenza. Ad esempio, se un'azienda scopre che molti clienti si lamentano della lentezza del servizio clienti, può concentrarsi sul miglioramento di questo aspetto per soddisfare meglio le esigenze dei clienti.

Un altro modo in cui l'AI può migliorare la ricerca di mercato è attraverso l'analisi predittiva. Utilizzando algoritmi di machine learning, l'AI può analizzare i dati storici delle vendite e dei clienti per identificare pattern e tendenze. Questo consente alle aziende di fare previsioni sul comportamento futuro dei consumatori e di adottare misure preventive o proattive per soddisfare le loro esigenze. Ad esempio, se un'azienda scopre che i clienti tendono ad acquistare determinati prodotti durante un certo periodo dell'anno, può pianificare in anticipo le campagne di marketing o le promozioni per massimizzare le vendite.

Un altro aspetto fondamentale dell'AI nella ricerca di mercato è la personalizzazione. L'AI consente alle aziende di creare esperienze di marketing personalizzate e mirate per i singoli clienti. Utilizzando i dati raccolti, l'AI può creare profili dettagliati dei clienti e sviluppare strategie di marketing personalizzate basate sui loro interessi, preferenze e comportamenti passati. Ad esempio, se un cliente ha acquistato un prodotto specifico in passato, l'AI può suggerire prodotti correlati che potrebbero interessare quel cliente, migliorando così le possibilità di vendita incrociata o di vendita aggiuntiva.

Tuttavia, è importante sottolineare che l'AI nella ricerca di mercato non è solo una questione di raccogliere dati, ma anche di interpretarli correttamente. L'AI può fornire alle aziende una vasta quantità di dati, ma è compito degli esperti di marketing analizzare e interpretare questi dati per ottenere informazioni significative. Inoltre, l'AI non può sostituire completamente l'approccio umano alla ricerca di mercato. Gli esperti di marketing devono ancora utilizzare il loro giudizio, la loro creatività e la loro conoscenza del settore per prendere decisioni informate.

In conclusione, l'AI ha un impatto significativo sulla ricerca di mercato, consentendo alle aziende di comprendere meglio i clienti e di adattare le loro strategie di marketing di conseguenza. L'analisi dei sentimenti, l'analisi predittiva e la personalizzazione sono solo alcuni esempi di come l'AI può essere utilizzata per migliorare la comprensione dei clienti e dei loro bisogni. Tuttavia, è importante ricordare che l'AI è uno strumento e non può sostituire completamente l'esperienza e il giudizio umano. Gli esperti di marketing devono ancora svolgere un ruolo attivo nell'interpretazione dei dati e nell'applicazione delle strategie di marketing appropriate.

L'impiego dell'intelligenza artificiale (AI) nella ricerca di mercato ha rivoluzionato la comprensione dei clienti e dei loro bisogni. Grazie alla potenza dell'AI, le aziende possono ora raccogliere, analizzare e interpretare grandi quantità di dati in modo più efficiente ed efficace. Questo ha portato a una maggiore precisione nella segmentazione di mercato e a una migliore comprensione delle preferenze dei clienti.

Un esempio concreto di come l'AI ha migliorato la ricerca di mercato è l'utilizzo di algoritmi di apprendimento automatico per analizzare i dati dei social media. Questi algoritmi sono in grado di identificare i modelli di comportamento dei clienti, rivelando le loro preferenze, opinioni e interessi. Ciò consente alle aziende di adattare le proprie strategie di marketing per raggiungere il target di mercato in modo più efficace.

Un caso studio che dimostra l'efficacia dell'AI nella ricerca di mercato è quello di una società di abbigliamento che ha utilizzato l'apprendimento automatico per analizzare le preferenze dei clienti. Attraverso l'analisi dei dati di acquisto, delle recensioni online e delle interazioni sui social media, l'azienda è stata in grado di identificare i trend di moda emergenti e di adattare rapidamente la propria offerta di prodotti. Ciò ha portato a un aumento delle vendite e a una maggiore soddisfazione dei clienti.

L'AI ha anche rivoluzionato l'approccio alla

ricerca di mercato tradizionale. Prima dell'avvento dell'AI, le aziende si affidavano principalmente a sondaggi e interviste per raccogliere informazioni sui clienti. Questi metodi, sebbene utili, erano spesso costosi, lenti e soggetti a errori umani. Con l'AI, le aziende possono ora sfruttare le potenzialità dell'elaborazione del linguaggio naturale per analizzare grandi quantità di dati testuali, come recensioni, commenti e opinioni sui prodotti. Questo consente loro di ottenere una panoramica più accurata delle preferenze dei clienti e di adattare le proprie strategie di marketing di conseguenza.

L'AI ha anche introdotto nuove tecniche di analisi dei dati nella ricerca di mercato. Ad esempio, l'apprendimento automatico può essere utilizzato per identificare i segmenti di mercato più promettenti e per prevedere le tendenze future. Ciò consente alle aziende di concentrare le proprie risorse su quei segmenti che offrono il maggior potenziale di crescita e di adattare le proprie strategie di marketing per sfruttare al meglio queste opportunità.

In conclusione, l'AI ha avuto un impatto significativo sulla ricerca di mercato. Grazie alla sua capacità di analizzare grandi quantità di dati in modo rapido ed efficiente, l'AI ha migliorato la comprensione dei clienti e dei loro bisogni. Le aziende possono ora adattare le proprie strategie di marketing in base alle preferenze dei clienti, migliorando così la loro capacità di raggiungere il target di mercato ideale. Nel prossimo capitolo, esploreremo come l'AI può essere utilizzata nella segmentazione di mercato, consentendo alle aziende di identificare e raggiungere il target di mercato ideale in modo più preciso ed efficace.

Capitolo 3

Capitolo 3: L'AI nella segmentazione di mercato: Come l'intelligenza artificiale può aiutare a identificare e raggiungere il target di mercato ideale

L'intelligenza artificiale (AI) ha rivoluzionato il modo in cui le aziende si approcciano al marketing. Grazie alle sue capacità di analisi dei dati, l'AI può essere utilizzata per segmentare il mercato in modo più accurato ed efficace. La segmentazione di mercato è un processo fondamentale per identificare e raggiungere il target di mercato ideale. Tradizionalmente, questa attività richiedeva un'analisi manuale dei dati e la creazione di profili di clienti potenziali basati su caratteristiche demografiche e comportamentali. Tuttavia, l'AI ha aperto nuove possibilità nel campo della segmentazione di mercato, consentendo alle aziende di andare oltre le informazioni superficiali e di ottenere una comprensione più approfondita dei propri clienti.

L'AI può essere utilizzata per analizzare grandi quantità di dati provenienti da diverse fonti, come social media, siti web, transazioni e feedback dei clienti. Questi dati possono essere utilizzati per identificare modelli e tendenze che possono aiutare le aziende a comprendere meglio il comportamento dei propri clienti e a segmentare il mercato in modo più accurato. Ad esempio, l'AI può analizzare i dati demografici, come l'età, il genere e la posizione geografica, insieme ai dati comportamentali, come gli acquisti passati e le interazioni sui social media, per creare segmenti di mercato più specifici e mirati.

Un altro modo in cui l'AI può aiutare nella segmentazione di mercato è attraverso l'analisi delle preferenze individuali dei clienti. L'AI può analizzare i dati sulle preferenze dei clienti, come i prodotti preferiti, i colori preferiti o le marche preferite, e utilizzare queste informazioni per creare segmenti di mercato basati sulle preferenze individuali. Questo tipo di segmentazione consente alle aziende di personalizzare le proprie offerte per soddisfare le esigenze specifiche dei clienti e di raggiungere un target di mercato più ristretto ma più reattivo.

Inoltre, l'AI può essere utilizzata per identificare nuove opportunità di mercato. Attraverso l'analisi dei dati, l'AI può individuare segmenti di mercato emergenti o poco sfruttati, che potrebbero rappresentare un'opportunità per le aziende di ampliare la propria base di clienti e aumentare le vendite. Ad esempio, l'AI potrebbe individuare un segmento di mercato composto da giovani professionisti che sono interessati a prodotti sostenibili e a basso impatto ambientale. Con queste informazioni, le aziende possono sviluppare e promuovere prodotti che rispondano alle esigenze e alle preferenze di questo specifico segmento di mercato.

In conclusione, l'AI ha aperto nuove possibilità nel campo della segmentazione di mercato. Grazie alla sua capacità di analizzare grandi quantità di dati e identificare modelli e tendenze, l'AI può aiutare le aziende a segmentare il mercato in modo più accurato e mirato. Questo consente alle aziende di identificare e raggiungere il target di mercato ideale, personalizzare le proprie offerte e individuare nuove opportunità di mercato. Nel prossimo capitolo, esploreremo in dettaglio le diverse tecniche e metodologie utilizzate nell'AI marketing per la segmentazione di mercato, analizzando casi studio e scenari reali che mostrano l'efficacia di queste strategie.

L'integrazione dell'intelligenza artificiale nella segmentazione di mercato è un passo fondamentale per le aziende che desiderano identificare e raggiungere il target di mercato ideale. Grazie all'utilizzo di algoritmi avanzati e di modelli di machine learning, l'AI può analizzare grandi quantità di dati e individuare pattern e tendenze nascoste che potrebbero altrimenti sfuggire all'occhio umano.

Una delle principali sfide nella segmentazione di mercato è la raccolta e l'analisi di dati demografici, comportamentali e psicografici dei consumatori. Tradizionalmente, questo processo richiedeva un considerevole sforzo manuale e poteva richiedere molto tempo. Tuttavia, grazie all'AI, le aziende possono sfruttare algoritmi di machine learning per analizzare automaticamente i dati provenienti da diverse fonti, come sondaggi, social media e transazioni.

Ad esempio, un'azienda di abbigliamento potrebbe utilizzare l'AI per analizzare le preferenze di acquisto dei clienti e identificare gruppi di consumatori con interessi simili. Potrebbe scoprire, ad esempio, che un gruppo di clienti è particolarmente interessato agli abiti da cerimonia, mentre un altro gruppo preferisce lo stile casual. Queste informazioni possono essere utilizzate per creare campagne di marketing mirate, offerte speciali e messaggi personalizzati, aumentando così le probabilità di conversione.

Oltre all'analisi dei dati, l'AI può anche essere utilizzata per identificare segmenti di mercato emergenti o poco noti. Ad esempio, l'AI può analizzare i comportamenti di acquisto dei clienti e individuare nuovi modelli di consumo che potrebbero indicare l'emergere di nuovi segmenti di mercato. Questo può essere particolarmente utile per le aziende che desiderano diversificare la propria offerta di prodotti o servizi e raggiungere nuovi mercati.

Un altro modo in cui l'AI può essere utilizzata nella segmentazione di mercato è attraverso la creazione di profili dettagliati dei clienti. L'AI può analizzare i dati dei clienti, come acquisti passati, preferenze e comportamenti online, e creare profili dettagliati che consentono alle aziende di comprendere meglio i loro clienti. Questi profili possono essere utilizzati per personalizzare l'esperienza del cliente, migliorare la segmentazione dei messaggi di marketing e fornire offerte personalizzate.

Infine, l'AI può anche essere utilizzata per valutare l'efficacia delle strategie di segmentazione di mercato. Attraverso l'analisi dei dati, l'AI può valutare le prestazioni delle diverse strategie di segmentazione e identificare quelle che generano i migliori risultati. Questo permette alle aziende di ottimizzare le proprie strategie di segmentazione e di adattarle alle mutevoli esigenze dei consumatori.

In conclusione, l'integrazione dell'intelligenza artificiale nella segmentazione di mercato offre alle aziende un'enorme opportunità per identificare e raggiungere il target di mercato ideale. L'AI consente un'analisi approfondita dei dati, l'individuazione di nuovi segmenti di mercato e la creazione di profili dettagliati dei clienti. Inoltre, l'AI consente alle aziende di valutare l'efficacia delle proprie strategie di segmentazione e di adattarle di conseguenza. In un panorama competitivo sempre più sfidante, l'AI si conferma uno strumento indispensabile per il successo nel marketing.

L'intelligenza artificiale (AI) ha rivoluzionato il modo in cui le aziende identificano e raggiungono il loro target di mercato ideale. Grazie alle sue capacità di analisi avanzate e di apprendimento automatico, l'AI può aiutare le aziende a segmentare il mercato in modo più accurato e a creare strategie di marketing mirate.

Un esempio concreto dell'utilizzo dell'AI nella segmentazione di mercato è quello della società di moda online "Fashionista". Utilizzando algoritmi di apprendimento automatico, "Fashionista" ha analizzato i dati dei suoi clienti per identificare i diversi segmenti di mercato e le loro caratteristiche distintive. L'AI ha considerato vari fattori, come l'età, il sesso, il reddito, il luogo di residenza e le preferenze di acquisto, per creare segmenti di mercato altamente specifici. Questa segmentazione accurata ha permesso a "Fashionista" di personalizzare le sue campagne di marketing in base alle esigenze e ai desideri specifici di ciascun segmento, aumentando così l'efficacia delle sue strategie di vendita.

Un altro caso studio interessante è quello della catena di supermercati "Fresh Mart". Utilizzando l'AI, "Fresh Mart" ha analizzato i dati delle transazioni dei clienti per identificare i modelli di acquisto e le preferenze individuali. L'AI ha identificato che alcuni clienti preferivano prodotti biologici, mentre altri erano più interessati a prodotti a basso costo. Utilizzando queste informazioni, "Fresh Mart" ha creato promozioni personalizzate per ciascun cliente, inviando loro offerte esclusive via email o attraverso app mobili. Questa strategia di marketing personalizzata ha portato ad un aumento significativo delle vendite e alla fidelizzazione dei clienti.

L'AI nella segmentazione di mercato non si limita solo all'analisi dei dati dei clienti. Può essere utilizzata anche per monitorare l'andamento del mercato e identificare nuove opportunità di business. Ad esempio, l'AI può analizzare i dati dei social media per identificare le tendenze emergenti e le preferenze dei consumatori. Queste informazioni possono essere utilizzate dalle aziende per adattare le loro strategie di marketing e creare prodotti o servizi che soddisfino le esigenze in continua evoluzione dei consumatori.

In conclusione, l'utilizzo dell'intelligenza artificiale nella segmentazione di mercato rappresenta un'opportunità senza precedenti per le aziende di identificare e raggiungere il loro target di mercato ideale in modo più accurato e mirato. L'AI consente alle aziende di analizzare grandi quantità di dati in modo rapido ed efficiente, rivelando informazioni preziose sul comportamento dei consumatori e sulle tendenze di mercato. Queste informazioni possono essere utilizzate per creare strategie di marketing personalizzate e per adattare le proprie offerte alle esigenze specifiche dei clienti. Nel prossimo capitolo, esploreremo come l'intelligenza artificiale può essere utilizzata per creare esperienze di marketing personalizzate e coinvolgenti per i clienti, consentendo alle aziende di creare legami più forti e duraturi con i propri consumatori.

Capitolo 4

Capitolo 4: L'AI nella personalizzazione delle esperienze di marketing: Come l'intelligenza artificiale può creare esperienze personalizzate e coinvolgenti per i clienti

L'intelligenza artificiale (AI) sta rivoluzionando il settore del marketing, consentendo alle aziende di creare esperienze personalizzate e coinvolgenti per i propri clienti. Grazie alla sua capacità di elaborare grandi quantità di dati, l'AI può analizzare i comportamenti degli utenti, apprendere le loro preferenze e fornire contenuti e offerte mirate. In questo capitolo, esploreremo come l'AI viene utilizzata per personalizzare le esperienze di marketing e come può essere implementata in modo efficace.

Per comprendere appieno l'impatto dell'AI nella personalizzazione delle esperienze di marketing, è fondamentale esaminare i concetti chiave che sottendono questa strategia. Innanzitutto, l'AI si basa su algoritmi e modelli di machine learning per elaborare i dati e identificare i pattern comportamentali dei clienti. Questi algoritmi possono analizzare una vasta gamma di dati, inclusi dati demografici, storici di acquisto, preferenze dichiarate e interazioni online.

Attraverso l'analisi di tali dati, l'AI può identificare gli interessi e le esigenze specifiche di ogni cliente, consentendo di creare esperienze personalizzate su misura.

Un esempio concreto di come l'AI può essere utilizzata per personalizzare le esperienze di marketing è il caso di Amazon. Il gigante dell'e-commerce utilizza un algoritmo di raccomandazione basato sull'AI per suggerire prodotti correlati ai propri clienti. Questo algoritmo analizza i dati storici di acquisto, le recensioni dei clienti, le preferenze dichiarate e i dati demografici per individuare pattern comportamentali e suggerire prodotti che potrebbero interessare al cliente. Ad esempio, se un cliente acquista un libro di cucina, l'algoritmo potrebbe suggerire altri libri di cucina, utensili da cucina o ingredienti correlati. Questo tipo di personalizzazione basata sull'AI si traduce in un'esperienza di acquisto più soddisfacente per il cliente e in un aumento delle vendite per Amazon.

Oltre ai dati storici di acquisto, l'AI può anche analizzare le interazioni online degli utenti per personalizzare le esperienze di marketing. Ad esempio, i siti web possono utilizzare algoritmi di machine learning per raccogliere dati sul comportamento degli utenti, come i clic, le azioni e le pagine visitate. Questi dati possono essere utilizzati per creare profili individuali degli utenti e fornire contenuti personalizzati in tempo reale. Ad esempio, se un utente visita un sito web di abbigliamento e clicca su una determinata categoria di prodotti, l'AI può identificare i suoi interessi e fornire raccomandazioni di prodotti specifici basati su tale categoria. Questo tipo di personalizzazione in tempo reale consente di coinvolgere gli utenti in modo più efficace e di aumentare le probabilità di conversione.

Per implementare con successo l'AI nella personalizzazione delle esperienze di marketing, è necessario considerare alcuni fattori chiave. Innanzitutto, l'accesso a dati di alta qualità è fondamentale per garantire risultati accurati e affidabili. Le aziende devono essere in grado di raccogliere, elaborare e archiviare grandi quantità di dati per alimentare gli algoritmi di AI. Inoltre, è importante che le aziende siano trasparenti e rispettino la privacy dei propri clienti. Gli utenti devono essere informati su come vengono utilizzati i loro dati e devono avere la possibilità di scegliere se condividerli o meno.

In conclusione, l'AI sta rivoluzionando la personalizzazione delle esperienze di marketing, consentendo alle aziende di creare contenuti e offerte mirate ai propri clienti. Grazie alla sua capacità di analizzare grandi quantità di dati e identificare pattern comportamentali, l'AI può fornire esperienze personalizzate su misura che coinvolgono e soddisfano i clienti. Tuttavia, è fondamentale che le aziende gestiscano i dati in modo responsabile e rispettino la privacy dei propri clienti. Solo così l'AI può essere implementata in modo efficace e portare a risultati positivi per le aziende e i clienti.

L'utilizzo dell'intelligenza artificiale (AI) nel campo del marketing ha rivoluzionato la creazione di esperienze personalizzate e coinvolgenti per i clienti. Grazie ai rapidi progressi nell'AI, le aziende possono ora raccogliere e analizzare una vasta quantità di dati sui propri clienti, consentendo loro di creare strategie di marketing altamente mirate e efficaci.

Una delle principali aree in cui l'AI sta trasformando la personalizzazione delle esperienze di marketing è l'analisi dei dati. I sistemi di AI possono analizzare i dati dei clienti da diverse fonti, come siti web, social media e transazioni passate, per identificare i modelli di comportamento e le preferenze individuali. Ad esempio, un'azienda di abbigliamento potrebbe utilizzare l'AI per analizzare i dati di acquisto dei clienti e identificare quali stili, colori o marche sono più popolari tra i diversi segmenti di clientela. Queste informazioni possono quindi essere utilizzate per creare offerte e promozioni personalizzate per ogni cliente, aumentando la probabilità di conversione e fidelizzazione.

Un altro modo in cui l'AI può migliorare la personalizzazione delle esperienze di marketing è attraverso la creazione di contenuti altamente rilevanti. L'AI può analizzare i dati dei clienti e utilizzare algoritmi avanzati per generare contenuti personalizzati in tempo reale. Ad esempio, un sito web di e-commerce potrebbe utilizzare l'AI per mostrare a ciascun visitatore prodotti consigliati in base ai loro gusti e preferenze. Inoltre, l'AI può anche essere utilizzata per creare contenuti dinamici, come annunci pubblicitari o e-mail personalizzate, che si adattano automaticamente in base al comportamento e alle preferenze del cliente. Questo livello di personalizzazione può migliorare notevolmente l'esperienza del cliente e aumentare l'efficacia delle campagne di marketing.

L'AI può anche essere utilizzata per

automatizzare processi di marketing complessi, consentendo alle aziende di fornire esperienze personalizzate su larga scala. Ad esempio, un'azienda di servizi finanziari potrebbe utilizzare l'AI per creare modelli di comportamento dei clienti e identificare potenziali clienti che potrebbero essere interessati a prodotti specifici. Questi modelli possono quindi essere utilizzati per automatizzare il processo di creazione e distribuzione di contenuti personalizzati, come e-mail di marketing o offerte speciali. L'automazione dei processi di marketing consente alle aziende di risparmiare tempo e risorse preziose, consentendo loro di concentrarsi su attività ad alto valore aggiunto come la creazione di strategie di marketing o lo sviluppo di nuovi prodotti.

Nonostante tutti i vantaggi offerti dall'AI nella personalizzazione delle esperienze di marketing, è importante sottolineare che l'etica e la privacy dei dati dei clienti devono essere sempre prese in considerazione. Le aziende devono garantire che i dati dei clienti vengano raccolti e utilizzati in modo responsabile, rispettando le leggi sulla privacy e offrendo ai clienti la possibilità di controllare le proprie informazioni personali.

In conclusione, l'AI sta rivoluzionando il modo in cui le aziende creano esperienze di marketing personalizzate e coinvolgenti per i clienti. Attraverso l'analisi dei dati, la creazione di contenuti rilevanti e l'automazione dei processi di marketing, l'AI consente alle aziende di fornire esperienze personalizzate su larga scala, migliorando l'efficacia delle campagne di marketing e la soddisfazione del cliente. Tuttavia, è importante che le aziende agiscano in modo responsabile nell'utilizzo dei dati dei clienti, garantendo la privacy e rispettando le leggi vigenti. L'AI marketing offre un'enorme opportunità per le aziende di differenziarsi sul mercato e creare relazioni durature con i clienti.

La personalizzazione delle esperienze di marketing è diventata un elemento fondamentale per le aziende che desiderano stabilire un rapporto più significativo con i propri clienti. Grazie all'intelligenza artificiale (AI), è possibile creare esperienze personalizzate e coinvolgenti che soddisfino i bisogni specifici di ciascun individuo.

L'utilizzo dell'AI nella personalizzazione delle esperienze di marketing offre vantaggi significativi alle aziende. Innanzitutto, l'AI consente di raccogliere e analizzare grandi quantità di dati sui clienti, consentendo di ottenere una comprensione approfondita delle loro preferenze, comportamenti e interessi. Questo permette alle aziende di creare segmenti di pubblico altamente mirati e di sviluppare strategie di marketing specifiche per ciascun segmento.

Ma l'AI va oltre la semplice segmentazione dei clienti. Grazie all'apprendimento automatico (machine learning), l'AI può adattarsi in modo dinamico alle esigenze dei singoli clienti nel corso del tempo. Ciò significa che le aziende possono offrire esperienze personalizzate che si evolvono in base ai cambiamenti delle preferenze e dei comportamenti dei clienti. Ad esempio, un sito di e-commerce può utilizzare l'AI per suggerire prodotti correlati in base agli acquisti precedenti e alle interazioni degli utenti.

Un esempio concreto di come l'AI può migliorare la personalizzazione delle esperienze di marketing è l'utilizzo di chatbot alimentati dall'AI. Questi assistenti virtuali possono interagire con i clienti in modo naturale e fornire raccomandazioni personalizzate in base alle loro esigenze. Ad esempio, un cliente che cerca un nuovo paio di scarpe può chattare con un assistente virtuale che utilizza l'AI per suggerire i modelli più adatti in base al suo stile, alle sue preferenze di marca e alle dimensioni dei suoi piedi. Questo tipo di esperienza personalizzata crea un legame più stretto tra il cliente e l'azienda, aumentando la probabilità di acquisto e fidelizzazione.

Ma l'AI non riguarda solo la personalizzazione dei contenuti. Può anche migliorare l'efficacia delle campagne di marketing. Ad esempio, l'AI può analizzare i dati storici sulle conversioni e utilizzare questi modelli predittivi per ottimizzare le strategie di marketing future. In pratica, l'AI può suggerire quali canali di marketing sono più efficaci per raggiungere determinati segmenti di pubblico, quali messaggi sono più coinvolgenti e quali offerte sono più attraenti. Questo permette alle aziende di ottenere un maggiore ritorno sull'investimento (ROI) dalle loro attività di marketing.

In conclusione, l'utilizzo dell'AI nella personalizzazione delle esperienze di marketing offre alle aziende un vantaggio competitivo significativo. Grazie all'AI, è possibile raccogliere, analizzare e utilizzare dati sui clienti in modo più intelligente, creando esperienze personalizzate e coinvolgenti che soddisfano le esigenze specifiche di ciascun individuo. Questo porta a una maggiore fidelizzazione dei clienti, a un maggiore coinvolgimento e a un ROI più elevato dalle attività di marketing. Nel prossimo capitolo, esploreremo come l'AI può essere utilizzata per individuare le tendenze di mercato e anticipare i cambiamenti, consentendo alle aziende di restare un passo avanti alla concorrenza.

Capitolo 5

Capitolo 5: L'AI nella previsione delle tendenze di mercato: Come l'intelligenza artificiale può aiutare a individuare le tendenze di mercato e anticipare i cambiamenti

L'intelligenza artificiale (AI) sta rivoluzionando il modo in cui le aziende affrontano la previsione delle tendenze di mercato. Grazie alla sua capacità di analizzare grandi quantità di dati in modo rapido ed efficiente, l'AI offre agli operatori di marketing uno strumento potente per individuare le tendenze emergenti e anticipare i cambiamenti nel mercato. In questo capitolo, esploreremo come l'AI può essere utilizzata per migliorare le strategie di marketing e guidare il successo aziendale.

Prima di addentrarci nei dettagli dell'applicazione dell'AI nella previsione delle tendenze di mercato, è importante comprendere il concetto stesso di tendenze di mercato. Una tendenza di mercato può essere definita come un andamento o una direzione che si manifesta nel comportamento dei consumatori, nelle preferenze di acquisto o nelle dinamiche del mercato in generale. Queste tendenze possono riguardare una vasta gamma di settori, tra cui moda, tecnologia, alimentazione, viaggi e molto altro ancora. Identificare e comprendere queste tendenze è fondamentale per le aziende che desiderano rimanere competitive e adeguare le proprie strategie di marketing di conseguenza.

Tradizionalmente, le aziende hanno affidato la previsione delle tendenze di mercato a esperti umani che analizzano dati storici, sondaggi di mercato e altre fonti di informazione per individuare pattern e segnali di cambiamento. Tuttavia, questo approccio può essere laborioso, soggettivo e limitato dalla capacità umana di analizzare grandi quantità di dati. Ecco dove entra in gioco l'AI. Grazie ai recenti sviluppi nell'apprendimento automatico e nell'elaborazione del linguaggio naturale, i sistemi di intelligenza artificiale possono analizzare enormi quantità di dati in tempo reale, individuando pattern nascosti e relazioni complesse che potrebbero essere sfuggite all'occhio umano.

Un esempio concreto dell'applicazione dell'AI

nella previsione delle tendenze di mercato riguarda l'analisi dei social media. I social media sono diventati una miniera di dati preziosi sul comportamento dei consumatori e sulle loro preferenze. Utilizzando algoritmi di apprendimento automatico, i sistemi di AI possono analizzare i post, i commenti e i like sui social media per individuare pattern e tendenze emergenti. Ad esempio, un'azienda di abbigliamento potrebbe utilizzare l'AI per monitorare le conversazioni sui social media riguardo a nuove tendenze di moda, identificando così i capi di abbigliamento che stanno iniziando a diventare popolari tra i consumatori. Queste informazioni possono essere utilizzate per adattare la produzione e le strategie di marketing, garantendo che l'azienda rimanga al passo con i gusti dei consumatori.

Oltre all'analisi dei social media, l'AI può essere utilizzata per analizzare una vasta gamma di dati, tra cui dati di vendita, dati demografici, dati di ricerca online e molto altro ancora. Questi dati possono essere combinati e analizzati per individuare correlazioni e pattern che potrebbero essere indicativi di tendenze emergenti. Ad esempio, un'azienda di tecnologia potrebbe utilizzare l'AI per analizzare i dati di vendita e i dati di ricerca online per identificare i prodotti o le tecnologie che stanno guadagnando popolarità tra i consumatori. Queste informazioni possono essere utilizzate per sviluppare nuovi prodotti o per adattare le strategie di marketing esistenti, garantendo che l'azienda rimanga all'avanguardia nel settore.

In conclusione, l'AI offre alle aziende una nuova prospettiva sulla previsione delle tendenze di mercato. Grazie alla sua capacità di analizzare grandi quantità di dati in modo rapido ed efficiente, l'AI può aiutare le aziende a individuare e comprendere le tendenze emergenti, anticipando così i cambiamenti nel mercato. L'analisi dei social media, l'analisi dei dati di vendita e l'analisi dei dati di ricerca online sono solo alcuni degli esempi di come l'AI può essere utilizzata per migliorare le strategie di marketing e guidare il successo aziendale. Nel resto del capitolo, esploreremo ulteriormente queste applicazioni e forniremo esempi concreti e casi studio per illustrare l'efficacia dell'AI nella previsione delle tendenze di mercato.

L'intelligenza artificiale (AI) sta rivoluzionando il campo del marketing, consentendo alle aziende di individuare le tendenze di mercato e anticipare i cambiamenti in modo più rapido ed efficace. Grazie all'AI, le aziende possono analizzare grandi quantità di dati provenienti da diverse fonti, come le preferenze dei consumatori, le analisi dei social media e i dati storici delle vendite, per identificare modelli e correlazioni che potrebbero non essere evidenti all'occhio umano.

Una delle principali applicazioni dell'AI nella previsione delle tendenze di mercato è l'utilizzo di algoritmi di machine learning. Questi algoritmi possono analizzare i dati storici per identificare i fattori chiave che influenzano le tendenze di mercato, come i cambiamenti demografici, le preferenze dei consumatori e le dinamiche economiche. Ad esempio, un algoritmo di machine learning potrebbe analizzare i dati delle vendite di un determinato prodotto per identificare i periodi dell'anno in cui c'è una maggiore domanda e adattare di conseguenza la strategia di marketing.

Un altro modo in cui l'AI può aiutare a individuare le tendenze di mercato è attraverso l'analisi dei dati dei social media. I social media sono diventati un'importante fonte di informazioni sui gusti, le preferenze e le opinioni dei consumatori. L'AI può analizzare i dati dei social media per identificare le tendenze emergenti, come nuovi prodotti o servizi di tendenza, e adattare la strategia di marketing di conseguenza. Ad esempio, se l'AI individua una tendenza emergente per un determinato prodotto o servizio, un'azienda potrebbe decidere di lanciare una campagna pubblicitaria mirata per capitalizzare su quella tendenza.

Inoltre, l'AI può aiutare le aziende a individuare i cambiamenti nelle preferenze dei consumatori in modo tempestivo. Ad esempio, un algoritmo di machine learning può analizzare i dati delle vendite e dei feedback dei clienti per identificare i nuovi trend di mercato e adattare di conseguenza la strategia di marketing. In questo modo, le aziende possono anticipare i cambiamenti nelle preferenze dei consumatori e soddisfare le loro esigenze in modo più efficace.

Un esempio concreto di come l'AI può aiutare a individuare le tendenze di mercato è il caso di una grande catena di abbigliamento. Utilizzando un algoritmo di machine learning, l'azienda ha analizzato i dati delle vendite, i feedback dei clienti e i dati dei social media per identificare le preferenze dei consumatori. L'AI ha individuato una crescente preferenza per abbigliamento sostenibile e ha suggerito all'azienda di lanciare una linea di abbigliamento eco-friendly. Grazie a questa nuova strategia di marketing basata sull'AI, l'azienda ha ottenuto un aumento significativo delle vendite e una maggiore fidelizzazione dei clienti.

In conclusione, l'intelligenza artificiale ha un ruolo fondamentale nella previsione delle tendenze di mercato. Grazie ai suoi algoritmi di machine learning e all'analisi dei dati dei social media, l'AI consente alle aziende di individuare le tendenze emergenti, anticipare i cambiamenti nelle preferenze dei consumatori e adattare la propria strategia di marketing di conseguenza. L'utilizzo dell'AI nella previsione delle tendenze di mercato è essenziale per le aziende che vogliono rimanere competitive in un mercato in continua evoluzione.

Capitolo 5: L'AI nella previsione delle tendenze di mercato: Come l'intelligenza artificiale può aiutare a individuare le tendenze di mercato e anticipare i cambiamenti

La previsione delle tendenze di mercato è una sfida costante per le aziende di ogni settore. Capire quale sarà la prossima grande tendenza o l'evoluzione del mercato può significare il successo o il fallimento di un'azienda. Fortunatamente, l'intelligenza artificiale (AI) può fornire un vantaggio significativo nel processo di previsione delle tendenze di mercato.

L'AI può analizzare grandi quantità di dati provenienti da diverse fonti, come social media, recensioni online, dati di vendita e dati demografici, per individuare segnali di nuove tendenze emergenti. Questa analisi dei dati può rivelare pattern e correlazioni nascoste che gli esseri umani potrebbero non essere in grado di individuare, consentendo alle aziende di anticipare i cambiamenti del mercato e adattare le loro strategie di conseguenza.

Un esempio concreto di come l'AI può individuare tendenze di mercato emergenti è il settore della moda. Attraverso l'analisi dei social media e dei blog di moda, l'AI può individuare quali sono i colori, i modelli e gli stili più popolari del momento. Queste informazioni possono essere utilizzate dalle aziende di moda per guidare le loro decisioni di progettazione e di produzione, garantendo che i loro prodotti siano all'avanguardia e rispondano alle esigenze dei consumatori.

Ma l'AI non si limita solo all'analisi dei dati esterni. Può anche essere utilizzata per analizzare i dati interni di un'azienda, come le vendite, le performance dei prodotti e le preferenze dei clienti. Attraverso l'apprendimento automatico, l'AI può identificare modelli e relazioni tra questi dati che possono indicare tendenze di mercato future. Ad esempio, se un certo prodotto sta avendo una crescita costante delle vendite e riceve recensioni positive, l'AI potrebbe suggerire che ci sia una domanda emergente per quel tipo di prodotto e consigliare all'azienda di investire ulteriormente in esso.

Un caso studio interessante riguarda una grande azienda di abbigliamento sportivo che utilizza l'AI per individuare nuove tendenze di mercato nel settore del fitness. Attraverso l'analisi dei dati provenienti da wearable devices, come smartwatch e fitness tracker, e l'integrazione con app di fitness popolari, l'AI è in grado di identificare quali sono i tipi di allenamento più popolari, le preferenze degli utenti e le tendenze emergenti nel mondo del fitness. Queste informazioni consentono all'azienda di sviluppare prodotti e servizi che si adattano alle esigenze dei consumatori, mantenendo un vantaggio competitivo nel mercato.

L'AI può anche essere utilizzata per prevedere le tendenze di mercato in base a eventi esterni, come cambiamenti demografici, sviluppi tecnologici o modifiche normative. Ad esempio, l'AI potrebbe analizzare i dati demografici di una determinata area e individuare un aumento nella popolazione di giovani professionisti. Questa informazione potrebbe suggerire un aumento della domanda di prodotti e servizi orientati a questo gruppo demografico, consentendo alle aziende di adattare la propria strategia di marketing e di prodotto di conseguenza.

In conclusione, l'intelligenza artificiale offre un'enorme opportunità per individuare le tendenze di mercato e anticipare i cambiamenti. Attraverso l'analisi dei dati provenienti da diverse fonti, l'AI può rivelare pattern e correlazioni nascoste che possono indicare tendenze emergenti. Queste informazioni consentono alle aziende di adattare le proprie strategie di marketing e di prodotto, rimanendo all'avanguardia nel mercato. Nel prossimo capitolo, esploreremo come l'AI può essere utilizzata per ottimizzare e automatizzare le campagne pubblicitarie, migliorando ulteriormente l'efficacia del marketing.

Capitolo 6

Capitolo 6: L'AI nella gestione delle campagne pubblicitarie: Come l'intelligenza artificiale può ottimizzare e automatizzare le campagne di marketing

L'AI ha rivoluzionato il modo in cui le campagne pubblicitarie vengono gestite e ottimizzate, consentendo alle aziende di sfruttare il potere dell'intelligenza artificiale per raggiungere risultati migliori e più efficaci. Le campagne di marketing tradizionali richiedono una pianificazione e un monitoraggio costanti, con numerosi elementi da considerare, come il target di mercato, i canali di distribuzione, i messaggi pubblicitari e i budget. Tuttavia, grazie all'introduzione dell'AI nella gestione delle campagne pubblicitarie, le aziende possono ora beneficiare di un processo automatizzato e altamente efficiente.

L'intelligenza artificiale offre una serie di vantaggi significativi quando si tratta di ottimizzare le campagne di marketing. Uno dei principali vantaggi è l'abilità di analizzare e interpretare enormi quantità di dati in tempo reale. L'AI può raccogliere informazioni dettagliate da varie fonti, come i dati demografici dei consumatori, i comportamenti online e gli interessi personali, per creare un profilo accurato del target di mercato. Questo profilo dettagliato consente alle aziende di indirizzare le proprie campagne pubblicitarie in modo più mirato ed efficace, aumentando così la probabilità di successo.

Un altro vantaggio significativo dell'utilizzo dell'AI nella gestione delle campagne pubblicitarie è la capacità di automatizzare il processo di ottimizzazione. Tradizionalmente, la gestione delle campagne pubblicitarie richiedeva un monitoraggio costante e un intervento manuale per apportare modifiche e miglioramenti. Tuttavia, grazie all'intelligenza artificiale, le aziende possono ora affidarsi a algoritmi sofisticati che analizzano i dati in tempo reale e apportano automaticamente aggiustamenti alle campagne pubblicitarie. Ad esempio, se un annuncio non sta generando abbastanza clic, l'AI può ottimizzare il messaggio pubblicitario o modificare il target di mercato per massimizzare l'efficacia della campagna. Questa automazione consente alle aziende di risparmiare tempo e risorse preziose, consentendo loro di concentrarsi su altre attività strategiche e creative.

Per sfruttare appieno il potenziale dell'AI nella gestione delle campagne pubblicitarie, le aziende devono comprendere i principi e le best practice di base. È fondamentale avere una solida comprensione dei concetti chiave dell'AI e delle sue applicazioni nel marketing. Ad esempio, l'apprendimento automatico (machine learning) è un componente essenziale dell'AI e consente ai computer di imparare e migliorare autonomamente attraverso l'esperienza. Le aziende devono anche comprendere i diversi tipi di algoritmi utilizzati nell'AI, come gli algoritmi di clustering, di classificazione e di regressione, al fine di selezionare quelli più adatti alle proprie esigenze.

Inoltre, l'AI nella gestione delle campagne pubblicitarie richiede un'analisi accurata dei dati e un'interpretazione corretta dei risultati.

Le aziende devono essere in grado di identificare le metriche chiave per valutare l'efficacia delle loro campagne pubblicitarie e di utilizzare strumenti analitici avanzati per monitorare e misurare i risultati. È importante anche comprendere i limiti dell'AI e riconoscere quando l'intervento umano è necessario per prendere decisioni strategiche o affrontare situazioni complesse.

In conclusione, l'utilizzo dell'AI nella gestione delle campagne pubblicitarie offre alle aziende un modo più efficiente ed efficace per raggiungere i loro obiettivi di marketing. Grazie alla capacità di analizzare grandi quantità di dati in tempo reale e di automatizzare il processo di ottimizzazione, l'AI consente alle aziende di creare campagne pubblicitarie più mirate ed efficaci. Tuttavia, per sfruttare appieno il potenziale dell'AI, le aziende devono comprendere i principi di base dell'AI, utilizzare gli strumenti e le metriche appropriati e riconoscere i limiti dell'AI stessa.

Negli ultimi anni, l'intelligenza artificiale (AI) si è affermata come una delle tecnologie più promettenti nel campo del marketing. Grazie ai suoi algoritmi avanzati e alla sua capacità di apprendimento automatico, l'AI offre alle aziende un potente strumento per ottimizzare e automatizzare le loro campagne pubblicitarie. In questo capitolo, esploreremo in dettaglio come l'intelligenza artificiale può migliorare la gestione delle campagne di marketing, consentendo alle aziende di raggiungere risultati migliori in modo più efficiente.

Una delle principali sfide nella gestione delle campagne pubblicitarie è l'ottimizzazione del budget. Le aziende devono saper allocare le risorse in modo intelligente per massimizzare il ritorno sull'investimento. Qui è dove l'AI entra in gioco. Utilizzando algoritmi sofisticati, l'AI può analizzare i dati storici delle campagne pubblicitarie e identificare modelli e tendenze che possono guidare la decisione sul budget. Ad esempio, l'AI potrebbe rilevare che una determinata piattaforma pubblicitaria ha generato un maggior numero di conversioni rispetto ad altre, consentendo all'azienda di concentrare le risorse su quella piattaforma per massimizzare l'efficacia della campagna.

Ma l'AI non si limita solo all'ottimizzazione del budget. Può anche aiutare le aziende a creare annunci pubblicitari più efficaci. I suoi algoritmi di apprendimento automatico possono analizzare i dati demografici, le preferenze e il comportamento degli utenti per creare messaggi personalizzati che risuonino con il pubblico di destinazione. Ad esempio, se un utente ha mostrato interesse per prodotti correlati in passato, l'AI può suggerire annunci che siano pertinenti a tali interessi, aumentando così le probabilità di conversione.

Inoltre, l'AI può automatizzare il processo di creazione degli annunci pubblicitari. Grazie alla sua capacità di generare testo e immagini in modo automatico, l'AI può ridurre notevolmente il tempo e lo sforzo necessari per creare annunci pubblicitari di alta qualità. Ad esempio, un'azienda potrebbe fornire all'AI alcune informazioni di base, come il pubblico di destinazione e l'obiettivo della campagna, e l'AI potrebbe generare automaticamente annunci pertinenti e accattivanti.

Ma l'AI non è solo un assistente nella gestione delle campagne pubblicitarie. Può anche fornire analisi approfondite sulle prestazioni delle campagne. Utilizzando i dati raccolti dalle campagne pubblicitarie, l'AI può rilevare i fattori che influenzano il successo delle campagne, come l'orario migliore per pubblicare gli annunci o il tipo di contenuto che attira il pubblico di destinazione. Queste informazioni possono essere utilizzate per ottimizzare ulteriormente le campagne future e migliorare i risultati complessivi.

In conclusione, l'intelligenza artificiale sta

rivoluzionando la gestione delle campagne pubblicitarie. Grazie alla sua capacità di analizzare dati, creare annunci personalizzati e automatizzare processi complessi, l'AI offre alle aziende un potente strumento per migliorare l'efficacia e l'efficienza delle loro campagne di marketing. Tuttavia, è importante sottolineare che l'AI non sostituisce completamente l'esperienza umana e il buon senso. Gli esperti di marketing devono ancora guidare e supervisionare l'AI per garantire risultati ottimali. L'intelligenza artificiale è una risorsa preziosa, ma è l'integrazione con l'esperienza umana che può veramente portare al successo.

L'intelligenza artificiale (IA) sta rivoluzionando la gestione delle campagne pubblicitarie nel settore del marketing. Grazie all'IA, le aziende possono ottimizzare e automatizzare le proprie strategie di marketing in modo più efficiente ed efficace che mai. In questo capitolo, abbiamo esplorato i molteplici modi in cui l'IA può essere impiegata per migliorare le campagne pubblicitarie, aumentare la rilevanza dei messaggi e massimizzare i risultati.

Una delle principali applicazioni dell'IA nella gestione delle campagne pubblicitarie è la segmentazione del pubblico. Grazie all'analisi dei dati e all'apprendimento automatico, l'IA può identificare i diversi segmenti di pubblico e creare strategie di targeting altamente personalizzate. Ad esempio, un'azienda di abbigliamento può utilizzare l'IA per identificare i clienti che mostrano un interesse specifico per determinati prodotti o stili e creare annunci mirati a questi segmenti.

Oltre alla segmentazione del pubblico, l'IA può anche ottimizzare le offerte pubblicitarie. Utilizzando algoritmi di machine learning, l'IA può analizzare i dati delle campagne pubblicitarie passate e identificare quali offerte hanno avuto maggiore successo. Queste informazioni possono essere utilizzate per migliorare le offerte future e massimizzare il rendimento sugli investimenti pubblicitari. Ad esempio, un'azienda di e-commerce può utilizzare l'IA per identificare quali offerte hanno portato a un aumento delle conversioni e quindi concentrarsi su quelle per massimizzare i profitti.

Un'altra applicazione significativa dell'IA nella gestione delle campagne pubblicitarie è l'automazione dei processi. L'IA può automatizzare attività come la creazione e l'ottimizzazione degli annunci, la pianificazione delle campagne e la gestione dei budget. Ciò consente alle aziende di risparmiare tempo e risorse preziose, consentendo loro di concentrarsi su attività di marketing più strategiche. Ad esempio, un'azienda di servizi finanziari può utilizzare l'IA per automatizzare il processo di creazione di annunci per i diversi segmenti di pubblico, permettendo al team di marketing di dedicare più tempo alla pianificazione delle strategie di marketing a lungo termine.

Un aspetto cruciale da considerare quando si utilizza l'IA nella gestione delle campagne pubblicitarie è la privacy dei dati. Con l'aumento dell'uso dei dati personali per migliorare la rilevanza degli annunci, è fondamentale garantire che i dati siano protetti e utilizzati in modo etico. Le aziende devono adottare politiche e procedure rigorose per garantire la sicurezza dei dati e rispettare le normative sulla privacy vigenti. Solo attraverso una gestione responsabile dei dati, l'IA può essere impiegata per ottenere i massimi benefici per le aziende e i consumatori.

In conclusione, l'IA sta trasformando la gestione delle campagne pubblicitarie nel settore del marketing. Grazie alla segmentazione del pubblico, all'ottimizzazione delle offerte e all'automazione dei processi, le aziende possono raggiungere risultati di marketing migliori e più efficienti. Tuttavia, è fondamentale adottare un approccio etico e responsabile nell'utilizzo dell'IA e garantire la protezione dei dati personali. Nel prossimo capitolo, esploreremo come l'IA può essere impiegata per misurare l'efficacia delle strategie di marketing e valutare il ritorno sugli investimenti delle attività di marketing.

Capitolo 7

Capitolo 7: L'AI nella misurazione del ROI delle attività di marketing: Come l'intelligenza artificiale può aiutare a valutare l'efficacia delle strategie di marketing

L'introduzione dell'intelligenza artificiale nel campo del marketing ha portato una serie di vantaggi rivoluzionari, tra cui la possibilità di misurare in modo più accurato l'efficacia delle strategie di marketing. Nel capitolo 7, esploreremo come l'AI può essere utilizzata per valutare il ROI delle attività di marketing, offrendo nuovi strumenti e approcci per misurare i risultati delle campagne pubblicitarie, delle strategie di contenuto e delle iniziative di social media.

Il marketing tradizionale si basa spesso su metriche superficiali, come i click o le visualizzazioni, per determinare il successo di una campagna. Tuttavia, queste metriche possono essere fuorvianti e non offrono una visione completa dell'impatto e del valore generato. L'intelligenza artificiale, d'altra parte, consente una valutazione più accurata e dettagliata delle attività di marketing, fornendo dati più significativi e indicazioni più precise sull'efficacia delle strategie adottate.

Un esempio concreto di come l'AI può essere utilizzata per misurare il ROI delle attività di marketing è l'utilizzo di algoritmi avanzati per analizzare i dati dei clienti e identificare i pattern di comportamento che portano a conversioni. Questi algoritmi possono analizzare grandi quantità di dati in tempo reale, identificando le correlazioni e le tendenze che possono influenzare il successo di una campagna pubblicitaria o di una strategia di marketing. Ad esempio, un algoritmo può rilevare che i clienti che hanno interagito con un determinato tipo di contenuto hanno maggiori probabilità di effettuare un acquisto rispetto a quelli che non lo hanno fatto. Questa informazione può essere utilizzata per ottimizzare la strategia di contenuto, indirizzando le risorse verso le attività che generano maggiori conversioni.

Oltre all'analisi dei dati dei clienti, l'AI può anche essere utilizzata per valutare l'efficacia delle strategie di marketing sui social media. I social media offrono un'enorme quantità di dati sul comportamento degli utenti, ma analizzarli manualmente richiederebbe una quantità di tempo e risorse considerevoli. L'intelligenza artificiale può semplificare questo processo, utilizzando algoritmi di apprendimento automatico per analizzare i dati dei social media e identificare i trend e i pattern che possono influenzare il successo di una campagna pubblicitaria o di una strategia di marketing. Ad esempio, un algoritmo potrebbe rilevare che le pubblicazioni sui social media che utilizzano una certa parola chiave hanno un tasso di engagement più elevato rispetto ad altre. Questa informazione può essere utilizzata per ottimizzare le strategie di marketing sui social media, aumentando l'efficacia delle campagne e migliorando il ROI complessivo.

In aggiunta all'analisi dei dati dei clienti e dei social media, l'AI può anche essere utilizzata per misurare l'efficacia delle campagne pubblicitarie. Gli algoritmi di intelligenza artificiale possono analizzare i dati relativi alle campagne pubblicitarie, come il budget speso, il numero di impression e le conversioni generate, per determinare l'efficacia delle strategie adottate. Questi algoritmi possono identificare quali campagne hanno generato il maggior ROI, permettendo alle aziende di investire in modo più mirato e ottimizzare le proprie strategie pubblicitarie.

In conclusione, l'introduzione dell'intelligenza artificiale nel campo del marketing ha aperto nuovi orizzonti nella misurazione del ROI delle attività di marketing. L'AI consente di analizzare i dati dei clienti, dei social media e delle campagne pubblicitarie in modo più accurato e dettagliato, offrendo informazioni preziose per ottimizzare le strategie di marketing e migliorare l'efficacia complessiva delle iniziative. Nel prossimo capitolo, esploreremo in modo più approfondito gli algoritmi di intelligenza artificiale utilizzati nella misurazione del ROI del marketing e i vantaggi che possono offrire alle aziende.

L'intelligenza artificiale (AI) sta rivoluzionando la misurazione del Return On Investment (ROI) delle attività di marketing, consentendo alle aziende di valutare in modo più accurato ed efficace l'efficacia delle loro strategie di marketing. Grazie alla sua capacità di elaborare e analizzare enormi quantità di dati in modo rapido ed efficiente, l'AI offre un potenziale senza precedenti per ottenere informazioni dettagliate sulle performance delle campagne di marketing.

Un esempio concreto di come l'AI può essere utilizzata nella misurazione del ROI delle attività di marketing è l'analisi predittiva. Attraverso l'elaborazione di dati storici, l'AI può identificare modelli e tendenze che possono essere utilizzati per prevedere l'impatto di una determinata strategia di marketing. Ad esempio, un'azienda può utilizzare l'AI per analizzare i dati delle campagne passate e identificare quali fattori hanno avuto un impatto positivo sul ROI, come il targeting demografico o la scelta dei canali di comunicazione. Queste informazioni possono quindi essere utilizzate per ottimizzare le future strategie di marketing, aumentando così le probabilità di successo e di un ROI elevato.

Un altro modo in cui l'AI può aiutare nella misurazione del ROI è attraverso l'analisi delle emozioni. Con l'AI, è possibile analizzare i dati provenienti dai social media, dalle recensioni dei clienti o dai sondaggi di soddisfazione per identificare le emozioni associate a una determinata campagna di marketing. Ad esempio, l'AI può rilevare se i clienti hanno reagito positivamente o negativamente a un annuncio pubblicitario o a un'iniziativa di marketing. Queste informazioni possono essere utilizzate per valutare l'efficacia di una strategia di marketing in termini di coinvolgimento emotivo dei consumatori e per apportare eventuali modifiche per migliorare il ROI.

Inoltre, l'AI può aiutare nella misurazione del

ROI attraverso l'analisi dei dati comportamentali dei consumatori. Con la capacità di elaborare grandi quantità di dati in tempo reale, l'AI può identificare i modelli di comportamento dei consumatori e le correlazioni tra le attività di marketing e le azioni dei clienti. Ad esempio, l'AI può rilevare se un determinato annuncio ha portato ad un aumento delle visite al sito web, delle conversioni o delle vendite effettive. Queste informazioni possono essere utilizzate per valutare l'efficacia di una campagna di marketing e per ottimizzare le future strategie di marketing per ottenere un ROI più elevato.

È importante sottolineare che l'utilizzo dell'AI nella misurazione del ROI delle attività di marketing richiede una corretta raccolta, analisi e interpretazione dei dati. È necessario garantire che i dati siano accurati, completi e affidabili e che siano utilizzati in piena conformità con le leggi sulla privacy dei dati. Inoltre, è fondamentale avere una conoscenza approfondita delle teorie e dei concetti di marketing per interpretare correttamente i risultati dell'analisi AI e prendere decisioni informate.

In conclusione, l'AI offre un enorme potenziale per migliorare la misurazione del ROI delle attività di marketing. Attraverso l'analisi predittiva, l'analisi delle emozioni e l'analisi dei dati comportamentali, l'AI consente alle aziende di ottenere informazioni dettagliate e accurate sull'efficacia delle loro strategie di marketing. Tuttavia, è fondamentale utilizzare l'AI in modo responsabile e con una solida comprensione delle teorie e dei concetti di marketing per massimizzare i benefici e ottenere un ROI più elevato.

L'utilizzo dell'intelligenza artificiale (AI) nella misurazione del Return on Investment (ROI) delle attività di marketing offre un'enorme opportunità per le aziende di valutare l'efficacia delle proprie strategie di marketing in modo accurato e basato sui dati.

L'AI può fornire una comprensione approfondita del modo in cui le diverse iniziative di marketing influenzano il ROI e può aiutare a identificare le azioni che offrono il maggior ritorno sull'investimento.

Una delle principali sfide nella misurazione del ROI delle attività di marketing è l'attribuzione corretta dei risultati alle diverse iniziative. Spesso, le aziende si trovano di fronte a un labirinto di dati provenienti da diverse fonti, come i social media, le campagne pubblicitarie online e offline, e le interazioni con i clienti. L'AI può aiutare a superare questa sfida analizzando e correlando i dati provenienti da diverse fonti, identificando le connessioni e fornendo una visione chiara dei risultati ottenuti da ciascuna iniziativa.

Un esempio concreto dell'utilizzo dell'AI nella misurazione del ROI delle attività di marketing è l'analisi predittiva. L'AI può analizzare i dati storici delle campagne di marketing, insieme ad altre variabili come dati demografici, comportamentali e geografici, per identificare i pattern e le tendenze che influenzano il ROI. Questo consente alle aziende di prendere decisioni informate sulle future strategie di marketing e di ottimizzare il loro ROI.

Inoltre, l'AI può essere utilizzata per valutare l'efficacia delle personalizzazioni delle campagne di marketing. L'AI può analizzare i dati dei clienti, come il comportamento di navigazione, gli acquisti precedenti e le preferenze personali, per creare segmenti specifici di clienti e offrire loro contenuti e offerte personalizzate. Questo approccio basato sull'AI può migliorare significativamente l'efficacia delle campagne di marketing, aumentando il coinvolgimento dei clienti e generando un ROI più elevato.

Un caso studio interessante riguarda l'azienda di abbigliamento online "Fashionista". Utilizzando l'AI per valutare il ROI delle sue campagne di marketing, Fashionista ha scoperto che le campagne con offerte personalizzate basate sul comportamento di navigazione dei clienti hanno generato un ROI molto più elevato rispetto alle campagne generiche. Questo insight ha permesso all'azienda di adattare le proprie strategie di marketing, investendo maggiormente nelle campagne personalizzate e ottenendo un aumento significativo delle vendite e dei profitti.

L'AI può anche essere utilizzata per analizzare il sentiment degli utenti sui social media e valutare l'impatto delle campagne di marketing sulla percezione del marchio. Ad esempio, l'AI può monitorare i commenti, le recensioni e i post degli utenti sui social media per identificare i sentiment positivi o negativi nei confronti di una determinata campagna o di un marchio. Questa analisi approfondita può aiutare le aziende a comprendere meglio il modo in cui i loro sforzi di marketing influenzano l'opinione pubblica e a prendere decisioni informate sulla direzione futura delle loro strategie di marketing.

In conclusione, l'integrazione dell'AI nella misurazione del ROI delle attività di marketing offre un'enorme opportunità per le aziende di valutare l'efficacia delle proprie strategie di marketing in modo approfondito e basato sui dati. L'AI può fornire una comprensione approfondita dei risultati ottenuti da diverse iniziative di marketing, aiutando le aziende a prendere decisioni informate sulla direzione futura delle loro strategie di marketing. L'AI può analizzare i dati provenienti da diverse fonti, identificare i pattern e le tendenze e valutare l'efficacia delle personalizzazioni delle campagne di marketing. Queste capacità dell'AI consentono alle aziende di ottimizzare il loro ROI e di generare risultati migliori dalle loro attività di marketing. Nel prossimo capitolo, esploreremo come l'AI può essere utilizzata per gestire i dati dei clienti in modo sicuro e responsabile, affrontando le sfide della privacy e della sicurezza dei dati.

Capitolo 8

Capitolo 8: L'AI nella gestione dei dati e della privacy: Come l'intelligenza artificiale può aiutare a gestire in modo sicuro e responsabile i dati dei clienti

Nel capitolo 8 del libro "AI Marketing: Rivoluziona la tua strategia di vendita con l'intelligenza artificiale", affrontiamo il tema dell'utilizzo dell'intelligenza artificiale nella gestione dei dati e della privacy dei clienti. In un'era in cui la raccolta e l'elaborazione dei dati sono diventate fondamentali per il successo delle aziende, è essenziale comprendere come l'AI possa aiutare a gestire in modo sicuro e responsabile queste informazioni preziose.

L'utilizzo dell'intelligenza artificiale nella gestione dei dati offre numerose opportunità per migliorare l'efficienza e l'accuratezza delle operazioni aziendali. Ad esempio, l'AI può essere utilizzata per automatizzare il processo di raccolta dei dati, eliminando così la necessità di intervento umano e riducendo il rischio di errori umani. Inoltre, l'intelligenza artificiale può analizzare grandi quantità di dati in tempi molto più brevi rispetto alle capacità umane, consentendo alle aziende di ottenere informazioni e insight in tempo reale.

Un altro vantaggio dell'utilizzo dell'AI nella gestione dei dati è la sua capacità di identificare modelli e tendenze nascoste nei dati. Attraverso l'apprendimento automatico e l'analisi predittiva, l'intelligenza artificiale può individuare correlazioni e relazioni che potrebbero non essere immediatamente evidenti agli esseri umani. Questo è particolarmente utile nel campo del marketing, in cui le aziende possono utilizzare queste informazioni per sviluppare strategie mirate e personalizzate per i propri clienti.

Tuttavia, l'utilizzo dell'intelligenza artificiale nella gestione dei dati solleva anche importanti questioni etiche e di privacy. L'accesso a grandi quantità di dati personali comporta una responsabilità nei confronti dei clienti e delle normative sulla privacy. Le aziende devono assicurarsi di utilizzare l'AI in modo sicuro e responsabile, garantendo che i dati dei clienti siano protetti e utilizzati solo per scopi legittimi.

Per far fronte a queste sfide, è fondamentale adottare misure di sicurezza adeguate. Ad esempio, le aziende possono utilizzare algoritmi di crittografia per proteggere i dati sensibili, garantendo che solo le persone autorizzate possano accedervi. Inoltre, è importante implementare politiche di gestione dei dati chiare e trasparenti, in modo che i clienti siano pienamente informati su come vengono raccolti, utilizzati e protetti i loro dati.

Un altro aspetto cruciale nella gestione dei dati e della privacy è la conformità alle normative vigenti. Le aziende devono essere consapevoli delle leggi e dei regolamenti che disciplinano la raccolta e l'utilizzo dei dati, come ad esempio il Regolamento generale sulla protezione dei dati (GDPR) nell'Unione Europea. È essenziale che le aziende si conformino a queste norme al fine di evitare sanzioni legali e danni alla reputazione.

Per concludere, l'utilizzo dell'intelligenza artificiale nella gestione dei dati e della privacy offre enormi vantaggi alle aziende, consentendo loro di migliorare l'efficienza, ottenere informazioni preziose e sviluppare strategie personalizzate per i clienti. Tuttavia, è fondamentale utilizzare l'AI in modo sicuro, responsabile ed etico, garantendo che i dati dei clienti siano protetti e utilizzati solo per scopi legittimi. Le aziende devono adottare misure di sicurezza adeguate e conformarsi alle normative vigenti al fine di garantire la fiducia dei clienti e il rispetto della privacy.

L'intelligenza artificiale (AI) ha rivoluzionato il modo in cui le aziende gestiscono i dati dei clienti e si preoccupano della privacy. Grazie alle sue capacità avanzate di analisi e apprendimento automatico, l'AI può aiutare a garantire che i dati siano gestiti in modo sicuro e responsabile. In questo capitolo, esploreremo come l'AI può essere utilizzata nella gestione dei dati e nella protezione della privacy dei clienti.

Una delle principali sfide nella gestione dei dati dei clienti è la sicurezza. Le aziende devono garantire che i dati siano protetti da accessi non autorizzati e che siano al sicuro da perdite o violazioni. L'AI può svolgere un ruolo chiave in questo senso. Ad esempio, i sistemi di rilevamento delle anomalie basati sull'AI possono identificare comportamenti sospetti o attività non autorizzate all'interno dei sistemi di gestione dei dati. Questi sistemi possono monitorare costantemente i dati e avvisare immediatamente il personale responsabile in caso di attività anomale. Ciò consente alle aziende di intervenire tempestivamente per mitigare i rischi e proteggere i dati dei clienti.

Oltre alla sicurezza, l'AI può anche svolgere un ruolo fondamentale nella gestione dei diritti di privacy dei clienti. Con l'aumento delle normative sulla privacy, come il Regolamento generale sulla protezione dei dati (GDPR) dell'Unione europea, le aziende devono garantire che i dati dei clienti siano trattati in modo lecito e trasparente. L'AI può aiutare le aziende a ottemperare a queste normative fornendo strumenti per la gestione dei consensi e il controllo dei dati. Ad esempio, i sistemi basati sull'AI possono consentire ai clienti di esercitare i propri diritti di accesso, rettifica, cancellazione e opposizione. Inoltre, l'AI può essere utilizzata per identificare e classificare automaticamente i dati sensibili dei clienti, garantendo che vengano trattati in modo appropriato e che siano soggetti a misure di sicurezza adeguate.

Un altro modo in cui l'AI può aiutare nella gestione dei dati e della privacy è attraverso la pseudonimizzazione dei dati. La pseudonimizzazione è una tecnica che sostituisce le informazioni identificabili con altre informazioni non identificabili, riducendo così il rischio di identificazione dei dati. L'AI può essere utilizzata per creare algoritmi di pseudonimizzazione che garantiscono la protezione dei dati senza compromettere l'utilità dei dati stessi. Ad esempio, un algoritmo di pseudonimizzazione potrebbe sostituire i nomi dei clienti con identificatori univoci, consentendo comunque l'analisi dei dati senza rivelare le identità dei singoli clienti.

Inoltre, l'AI può essere utilizzata per migliorare la gestione dei consensi dei clienti. Con l'AI, le aziende possono implementare sistemi di gestione dei consensi che consentono ai clienti di esprimere le proprie preferenze in modo chiaro e trasparente. Ad esempio, un cliente potrebbe autorizzare l'utilizzo dei suoi dati per scopi di marketing, ma non per scopi di ricerca. I sistemi basati sull'AI possono consentire alle aziende di rispettare queste preferenze e di ottemperare alle normative sulla privacy.

In conclusione, l'AI può svolgere un ruolo fondamentale nella gestione dei dati e della privacy dei clienti. Grazie alle sue capacità avanzate di analisi e apprendimento automatico, l'AI può aiutare le aziende a garantire la sicurezza dei dati, a rispettare le normative sulla privacy e a migliorare la gestione dei consensi dei clienti. L'utilizzo responsabile dell'AI nella gestione dei dati e della privacy è cruciale per costruire la fiducia dei clienti e per garantire il successo a lungo termine delle aziende nel contesto del marketing basato sull'AI.

Il capitolo 8 del libro "AI Marketing: Rivoluziona la tua strategia di vendita con l'intelligenza artificiale" si concentra sull'applicazione dell'intelligenza artificiale (AI) nella gestione dei dati e della privacy dei clienti. In un'epoca in cui la protezione dei dati personali e la privacy sono diventate una priorità per le aziende, l'AI può svolgere un ruolo fondamentale nel garantire una gestione sicura e responsabile delle informazioni sensibili dei clienti.

La disponibilità di una grande quantità di dati

ha reso necessario l'uso di strumenti avanzati per l'elaborazione e l'analisi dei dati stessi. L'AI può svolgere un ruolo chiave in questo senso, grazie alla sua capacità di estrarre informazioni significative dai dati e di identificare pattern e correlazioni nascoste. Ciò consente alle aziende di avere una visione approfondita dei propri clienti e di adottare strategie di marketing più mirate ed efficaci.

Un esempio concreto di come l'AI possa aiutare nella gestione dei dati dei clienti è l'utilizzo di algoritmi di apprendimento automatico per l'individuazione delle anomalie. Questi algoritmi sono in grado di rilevare comportamenti sospetti o inconsueti che possono indicare un potenziale abuso dei dati o una violazione della privacy. Attraverso l'analisi di grandi quantità di dati, l'AI può identificare i modelli di comportamento tipici dei clienti e rilevare eventuali deviazioni da tali modelli, segnalando tempestivamente eventuali problemi di sicurezza.

Inoltre, l'AI può essere utilizzata per migliorare la gestione del consenso dei clienti. Con l'entrata in vigore del Regolamento Generale sulla Protezione dei Dati (GDPR) in Europa, le aziende devono ottenere il consenso esplicito dei propri clienti per la raccolta e l'elaborazione dei loro dati personali. L'AI può semplificare questo processo, consentendo alle aziende di automatizzare la raccolta del consenso e di gestire in modo accurato le preferenze dei clienti. Ciò non solo garantisce la conformità normativa, ma contribuisce anche a costruire una relazione di fiducia con i clienti, mostrando loro che i loro dati sono gestiti in modo sicuro e responsabile.

Per quanto riguarda la privacy, l'AI può essere utilizzata per proteggere i dati dei clienti attraverso l'anonimizzazione e la pseudonimizzazione. Queste tecniche consentono alle aziende di utilizzare i dati dei clienti in modo aggregato e anonimo, senza rivelare informazioni personali sensibili. In questo modo, l'AI può essere utilizzata per l'elaborazione dei dati senza compromettere la privacy dei clienti.

In conclusione, l'integrazione dell'AI nella gestione dei dati e della privacy dei clienti offre una serie di vantaggi significativi per le aziende. Grazie alla capacità di estrarre informazioni significative dai dati, l'AI può consentire alle aziende di adottare strategie di marketing più mirate ed efficaci. Inoltre, l'AI può aiutare a garantire una gestione sicura e responsabile dei dati dei clienti, fornendo strumenti avanzati per la rilevazione delle anomalie e la gestione del consenso. Utilizzando tecniche di anonimizzazione e pseudonimizzazione, l'AI può proteggere la privacy dei clienti senza compromettere l'utilità dei dati. Nel prossimo capitolo, esploreremo come l'AI può essere utilizzata per prevedere il comportamento dei consumatori, fornendo alle aziende informazioni preziose per migliorare le strategie di vendita.

Capitolo 9

Capitolo 9: L'AI nella predizione del comportamento dei consumatori: Come l'intelligenza artificiale può prevedere il comportamento dei clienti per migliorare le strategie di vendita

Il capitolo 9 del libro "AI Marketing: Rivoluziona la tua strategia di vendita con l'intelligenza artificiale" si focalizza sull'applicazione dell'intelligenza artificiale nella predizione del comportamento dei consumatori al fine di migliorare le strategie di vendita. In questo capitolo, esploreremo come l'impiego di algoritmi avanzati di machine learning e modelli predittivi possa fornire alle aziende una prospettiva unica sulle preferenze, le esigenze e i desideri dei clienti.

L'intelligenza artificiale ha rivoluzionato il modo in cui le aziende analizzano e comprendono i dati dei consumatori. Grazie ai progressi nell'elaborazione dei dati e all'aumento della potenza di calcolo, le imprese possono sfruttare l'AI per raccogliere, elaborare e interpretare enormi quantità di informazioni sui comportamenti dei consumatori. Questo consente loro di anticipare le necessità dei clienti e di adattare le proprie strategie di vendita in modo più efficace.

Un esempio concreto dell'utilizzo dell'intelligenza artificiale nella predizione del comportamento dei consumatori è quello delle raccomandazioni personalizzate. Le aziende possono utilizzare algoritmi di machine learning per analizzare i dati storici di acquisto, le preferenze degli utenti e altre informazioni demografiche al fine di suggerire prodotti o servizi rilevanti per ogni singolo cliente. Questo approccio personalizzato non solo aumenta le probabilità di acquisto, ma crea anche un'esperienza di shopping più soddisfacente per il consumatore.

Un altro esempio di applicazione dell'AI nella predizione del comportamento dei consumatori riguarda l'analisi dei dati provenienti dai social media. Le piattaforme di social media come Facebook, Twitter e Instagram sono diventate una fonte preziosa di informazioni sui gusti, le preferenze e le opinioni dei consumatori. Attraverso l'uso di algoritmi di analisi del linguaggio naturale, le aziende possono estrarre dati significativi dai post, dai commenti e dalle interazioni degli utenti, al fine di identificare tendenze emergenti e modelli di comportamento. Queste informazioni consentono alle aziende di adattare le proprie strategie di marketing e di comunicazione per raggiungere il pubblico target in modo più efficace.

Una teoria rilevante per comprendere l'applicazione dell'AI nella predizione del comportamento dei consumatori è quella del "Big Five" della psicologia dei tratti di personalità. Secondo questa teoria, ci sono cinque dimensioni principali che descrivono la personalità di un individuo: estroversione, gradevolezza, coscienziosità, stabilità emotiva e apertura mentale. I dati raccolti attraverso l'AI possono essere utilizzati per identificare i tratti di personalità dei consumatori, consentendo alle aziende di personalizzare ulteriormente le proprie strategie di marketing e di vendita.

In conclusione, l'intelligenza artificiale offre alle aziende un potenziale enorme per predire il comportamento dei consumatori e migliorare le proprie strategie di vendita. Attraverso l'analisi dei dati, l'uso di algoritmi di machine learning e la comprensione dei tratti di personalità dei consumatori, le imprese possono adattarsi alle esigenze dei clienti in modo più mirato ed efficace. L'AI marketing sta diventando sempre più indispensabile per rimanere competitivi nel mercato odierno, consentendo alle aziende di offrire esperienze personalizzate e coinvolgenti ai propri clienti.

Nel panorama odierno del marketing digitale, comprendere il comportamento dei consumatori non è mai stato così cruciale. La capacità di prevedere cosa farà un cliente, come si comporterà o quali saranno le sue necessità in futuro, è il santo graal per i marketer che desiderano ottimizzare le loro strategie di vendita. Fortunatamente, l'intelligenza artificiale (AI) sta cambiando radicalmente il modo in cui le aziende affrontano questa sfida, rendendo possibile la predizione avanzata del comportamento dei consumatori in modo altamente accurato e tempestivo.

1. I fondamenti della predizione del comportamento dei consumatori tramite l'AI

La predizione del comportamento dei consumatori è il processo di analisi dei dati per comprendere come i clienti si comporteranno in futuro, basandosi su comportamenti passati, tendenze di mercato e fattori esterni. Questo processo è cruciale per i marketer che cercano di anticipare le esigenze dei clienti e personalizzare le esperienze di acquisto.

L'intelligenza artificiale rende tutto questo possibile grazie alla sua capacità di analizzare

e interpretare grandi volumi di dati
provenienti da fonti diverse come:

- **Comportamenti di navigazione** sui
  siti web e sulle app.

- **Storico degli acquisti** e delle
  interazioni precedenti.

- **Feedback e recensioni** dei clienti.

- **Dati demografici** e psicografici.

- **Attività sui social media** e interazioni
  con il brand.

Utilizzando algoritmi di machine learning,
l'AI è in grado di trovare correlazioni tra
variabili che potrebbero sfuggire a un analista
umano, identificando schemi nascosti nei dati
e prevedendo con precisione quali saranno le
azioni future di un consumatore. Ad esempio,
l'AI potrebbe prevedere che un cliente che ha
recentemente acquistato un prodotto di
bellezza potrebbe essere interessato a un altro
prodotto correlato, come una crema

antirughe, sulla base dei suoi comportamenti passati.

2. Algoritmi di machine learning per la predizione

Il cuore della capacità predittiva dell'AI nel marketing risiede nell'uso di algoritmi di machine learning. Questi algoritmi permettono ai sistemi AI di apprendere dai dati e migliorare continuamente le loro previsioni. Tra i principali algoritmi utilizzati nella predizione del comportamento dei consumatori, possiamo citare:

- **Regressione logistica**: Questo algoritmo analizza le relazioni tra variabili e predice la probabilità che un evento accada, come ad esempio la probabilità che un cliente effettui un acquisto o abbandoni il carrello.

- **Alberi decisionali**: Utilizzati per creare modelli predittivi in grado di segmentare i clienti in base ai loro comportamenti e caratteristiche. Ad esempio, un albero decisionale potrebbe predire che un cliente con una determinata età e uno storico di acquisti frequenti ha una probabilità elevata di acquistare un altro prodotto.

- **Reti neurali**: Le reti neurali, in particolare quelle profonde (deep learning), sono in grado di analizzare grandi set di dati non strutturati, come immagini o testi, per prevedere comportamenti complessi, come la probabilità che un consumatore si impegni in una campagna di marketing o interagisca con un brand in un certo contesto.

- **Sistemi di raccomandazione**: Utilizzati in molte piattaforme di e-commerce, i sistemi di raccomandazione analizzano i comportamenti d'acquisto passati per suggerire prodotti che i consumatori potrebbero essere interessati ad acquistare. L'AI è in grado di affinare continuamente queste raccomandazioni in base a come i consumatori interagiscono con i suggerimenti forniti.

3. Previsioni del comportamento basate su dati in tempo reale

Una delle principali potenzialità dell'AI è la sua capacità di analizzare e interpretare i dati in tempo reale. Ciò consente alle aziende di avere una visione dinamica e aggiornata del comportamento dei consumatori, piuttosto che basarsi su previsioni statiche o dati obsoleti.

Per esempio, se un cliente sta navigando su un sito web e visualizza più volte lo stesso prodotto senza acquistarlo, un sistema basato sull'AI può rilevare questo comportamento in tempo reale e inviare una notifica mirata al cliente, come un'offerta speciale o un coupon, per stimolare l'acquisto. Oppure, utilizzando i dati provenienti dai social media, l'AI può prevedere se un consumatore è incline a rispondere positivamente a una campagna pubblicitaria in corso, permettendo ai marketer di ottimizzare la distribuzione dei contenuti pubblicitari in tempo reale.

4. La personalizzazione basata sulla predizione del comportamento

La predizione del comportamento dei consumatori è strettamente legata alla personalizzazione delle offerte. Grazie all'AI, le aziende sono in grado di **personalizzare l'esperienza utente** non solo sulla base delle interazioni passate, ma anche prevedendo le azioni future.

Ad esempio, l'intelligenza artificiale può analizzare i dati di navigazione e prevedere che un cliente, dopo aver acquistato un prodotto di abbigliamento, sarà interessato anche ad accessori correlati. In questo caso, l'AI può suggerire automaticamente il prodotto giusto al momento giusto, migliorando così la probabilità di cross-selling e up-selling.

Inoltre, l'AI è in grado di ottimizzare la **personalizzazione del contenuto** (e-mail, messaggi pubblicitari, offerte speciali), adattandola in base alle previsioni sul comportamento futuro del consumatore. Questo non solo aumenta l'engagement, ma migliora anche il tasso di conversione, poiché le offerte sono progettate specificamente per ciascun cliente.

5. L'AI per ridurre l'abbandono del carrello

Una delle applicazioni più efficaci dell'AI nella predizione del comportamento dei consumatori riguarda la **prevenzione dell'abbandono del carrello**. Utilizzando modelli predittivi, l'AI è in grado di identificare quando un cliente sta per abbandonare un carrello senza completare l'acquisto. Queste previsioni si basano su segnali come il tempo trascorso sulla pagina del prodotto, l'interazione con il sito web e altri indicatori comportamentali.

Quando l'AI rileva una probabilità elevata di abbandono, può attivare azioni in tempo reale, come l'invio di promozioni mirate, reminder via email o notifiche push per incentivare il cliente a completare l'acquisto. Questi interventi tempestivi sono cruciali per recuperare vendite che altrimenti andrebbero perse.

6. La predizione del comportamento a lungo termine

L'intelligenza artificiale non è utile solo per prevedere il comportamento a breve termine, ma può anche offrire previsioni su tendenze a lungo termine. Analizzando i dati storici, le dinamiche di mercato e le evoluzioni sociali, l'AI può aiutare le aziende a comprendere come potrebbero evolvere i gusti dei consumatori e quali saranno le future esigenze del mercato. Questo permette di **pianificare le strategie di marketing e vendita** con maggiore lungimiranza e di ridurre il rischio di investire in iniziative obsolete o non redditizie.

Conclusioni

L'intelligenza artificiale sta cambiando radicalmente il modo in cui i marketer predicono il comportamento dei consumatori. Utilizzando algoritmi avanzati, l'AI consente alle aziende di ottenere una comprensione più profonda dei desideri e delle intenzioni dei clienti, migliorando così la personalizzazione, l'automazione delle campagne e, infine, le performance delle vendite. La capacità di prevedere il comportamento dei consumatori non solo ottimizza le strategie di marketing, ma offre anche un vantaggio competitivo significativo in un mercato sempre più competitivo e in rapido cambiamento.

Nel prossimo futuro, l'evoluzione dell'AI porterà a previsioni ancora più accurate, permettendo ai marketer di anticipare le mosse dei consumatori con una precisione mai vista prima, trasformando il marketing da un processo reattivo a uno proattivo. Le opportunità sono infinite, e chi saprà sfruttarle con intelligenza sarà in grado di dominare il panorama del marketing del futuro.

Capitolo 10

Capitolo 10: Conclusioni e
prospettive future
Come l'intelligenza artificiale
continuerà a influenzare e
trasformare il marketing nel futuro

Il marketing, come lo conoscevamo un tempo, è stato radicalmente trasformato dall'introduzione dell'intelligenza artificiale (AI). Le tecnologie basate sull'AI hanno già rivoluzionato i processi aziendali, dal comportamento dei consumatori all'automazione delle campagne pubblicitarie, dalla gestione dei dati alla personalizzazione delle esperienze. Ma questo è solo l'inizio. L'evoluzione dell'AI nel marketing sta progredendo a un ritmo accelerato, e le sue prospettive future sono straordinarie.

In questo capitolo finale, esploreremo come l'AI continuerà a trasformare il marketing nei prossimi anni, con un focus sulle nuove tendenze, sulle opportunità emergenti e sulle sfide che il settore dovrà affrontare. Vedremo come l'intelligenza artificiale non solo rimarrà un pilastro fondamentale delle strategie di marketing, ma come diventerà sempre più integrata e invisibile, migliorando le decisioni aziendali con una profondità e una precisione senza precedenti.

1. L'AI come abilitatrice di marketing "predictive"

Nel prossimo futuro, l'intelligenza artificiale giocherà un ruolo fondamentale nel passaggio dal marketing reattivo a quello **predictive**. Le tecnologie di previsione basate sull'AI permetteranno ai marketer di anticipare le esigenze e i comportamenti dei consumatori, piuttosto che reagire semplicemente a eventi già accaduti. Grazie all'analisi avanzata dei big data, sarà possibile non solo identificare tendenze di mercato in tempo reale, ma anche prevedere l'evoluzione di tali tendenze con un alto grado di accuratezza.

L'AI permetterà ai marketer di creare modelli predittivi che non solo miglioreranno le campagne pubblicitarie, ma anche l'intera strategia aziendale. Con l'aiuto dell'analisi predittiva, le aziende saranno in grado di ottimizzare le scelte di prodotto, stabilire prezzi dinamici, e gestire il ciclo di vita del cliente con approcci altamente personalizzati. La capacità di "prevedere il futuro" diventerà un vantaggio competitivo fondamentale, consentendo alle aziende di mantenere un passo avanti rispetto alla concorrenza.

2. L'evoluzione dell'automazione intelligente

L'automazione del marketing ha fatto grandi passi avanti grazie all'AI, ma questa è solo una fase iniziale. In futuro, l'automazione diventerà ancora più intelligente, capace di gestire non solo attività ripetitive e predefinite, ma anche decisioni strategiche complesse. Strumenti di AI avanzati come il **machine learning** e il **deep learning** continueranno a migliorare l'efficienza delle piattaforme di marketing automatizzate, permettendo alle aziende di creare contenuti dinamici e personalizzati a una velocità mai vista prima.

Ad esempio, l'AI potrebbe essere utilizzata per generare automaticamente messaggi pubblicitari personalizzati per ciascun segmento di pubblico, basati su dati in tempo reale, rendendo ogni interazione unica e altamente mirata. Le campagne pubblicitarie automatizzate diventeranno sempre più sofisticate, in grado di adattarsi alle modifiche dei comportamenti dei consumatori senza necessità di intervento umano.

3. Personalizzazione ancora più avanzata

La personalizzazione è già un punto di forza nell'AI marketing, ma ci troviamo ancora solo agli inizi di ciò che è possibile. L'intelligenza artificiale diventerà sempre più capace di **adattare l'esperienza cliente** a un livello estremamente dettagliato. Non si tratterà più di personalizzare il contenuto in base ai comportamenti passati, ma di anticipare le preferenze dei consumatori in tempo reale, utilizzando dati provenienti da diverse fonti, inclusi dispositivi IoT, social media, e persino interazioni vocali tramite assistenti virtuali.

Nei prossimi anni, la personalizzazione sarà in grado di raggiungere ogni punto di contatto del cliente, creando un'esperienza completamente integrata e coerente, che si adatterà automaticamente ai desideri e alle necessità di ciascun individuo. Questo approccio non solo migliorerà la soddisfazione del cliente, ma contribuirà anche ad aumentare la fedeltà, poiché ogni cliente si sentirà riconosciuto e valorizzato.

4. Intelligenza Artificiale e Gestione Etica dei Dati

Un tema che diventerà sempre più rilevante nei prossimi anni riguarda la **gestione etica dei dati**. Con l'aumento della raccolta di dati personali e sensibili, è fondamentale che le aziende sviluppino e implementino politiche di protezione della privacy rigorose. L'AI potrà svolgere un ruolo centrale nell'aiutare le aziende a rispettare le normative sulla privacy, come il GDPR, automatizzando il processo di gestione dei consensi e assicurandosi che i dati vengano utilizzati in modo sicuro e responsabile.

Tuttavia, la sfida maggiore sarà quella di **evitare bias e discriminazioni** nei sistemi AI. L'uso di algoritmi imparziali e l'adozione di pratiche etiche nella raccolta dei dati saranno essenziali per garantire che l'AI sia utilizzata in modo equo e che i consumatori possano fidarsi delle aziende con cui interagiscono. Il futuro del marketing dovrà quindi affrontare la questione dell'etica nell'AI, creando un equilibrio tra l'efficacia della personalizzazione e il rispetto dei diritti dei consumatori.

5. Integrazione dell'AI con altre tecnologie emergenti

L'intelligenza artificiale non agirà da sola nel futuro del marketing. Con l'integrazione di altre **tecnologie emergenti**, come la **blockchain**, l'**Internet delle cose (IoT)**, e la **realtà aumentata (AR)**, vedremo nascere esperienze di marketing sempre più immersive e innovative. L'AI sarà in grado di analizzare i dati provenienti da questi dispositivi e tecnologie in tempo reale, offrendo esperienze personalizzate e coinvolgenti che si adattano continuamente alle azioni e alle preferenze dei consumatori.

Per esempio, l'integrazione tra AI e AR potrebbe creare esperienze di acquisto virtuali altamente interattive, mentre la blockchain potrebbe garantire transazioni sicure e trasparenti, aumentando la fiducia dei consumatori. Con l'evolversi delle tecnologie, l'AI diventerà una piattaforma fondamentale per orchestrare tutte queste innovazioni e ottenere vantaggi concreti.

6. Il futuro del marketing conversazionale

Il marketing conversazionale è una delle aree in cui l'AI mostrerà il suo potenziale in modo ancora più profondo. Con l'avanzamento dei **chatbot** e degli **assistenti vocali**, le aziende potranno offrire esperienze di marketing in tempo reale, rispondendo alle domande dei clienti e risolvendo i loro problemi istantaneamente. L'AI renderà i chatbot ancora più intelligenti, capaci di comprendere il linguaggio naturale e di rispondere con empatia, migliorando notevolmente l'interazione con il cliente.

Inoltre, il marketing conversazionale non si limiterà solo ai chatbot, ma si espanderà a piattaforme vocali come Alexa e Google Assistant, dove i consumatori potranno interagire direttamente con i brand attraverso comandi vocali, creando un canale di comunicazione diretto e immediato.

Conclusione: Un Futuro di Incertezze e Opportunità

Il futuro del marketing sarà indissolubilmente legato all'evoluzione dell'intelligenza artificiale. Sebbene esistano ancora sfide da affrontare, soprattutto in termini di etica, privacy e gestione dei dati, le opportunità che l'AI offre sono immense. La capacità di comprendere, prevedere e interagire con i consumatori in modo personalizzato e automatizzato cambierà per sempre il panorama del marketing.

Nel corso degli anni a venire, l'AI diventerà sempre più integrata nelle operazioni quotidiane delle aziende, in grado di prendere decisioni autonome e migliorare continuamente le proprie performance. La sfida per i marketer sarà quella di saper adattarsi a questa evoluzione, mantenendo un approccio etico e responsabile, ma al tempo stesso sfruttando le enormi potenzialità offerte dall'AI per costruire relazioni più forti, mirate e fruttuose con i consumatori.

Il marketing del futuro è già qui. E chi saprà navigare tra le sfide e le opportunità dell'intelligenza artificiale, sarà pronto a ridefinire il futuro dell'intero settore.

Appendice: Terminologia dell'AI Marketing

In questo capitolo, vengono forniti i principali termini legati all'Intelligenza Artificiale (AI) nel marketing, che aiutano a comprendere meglio le tecnologie, i concetti e gli approcci utilizzati per applicare l'AI nel campo del marketing. Questi termini sono fondamentali per orientarsi nell'evoluzione del marketing digitale supportato dall'intelligenza artificiale.

1. Algoritmo di Machine Learning (ML)

Un **algoritmo di machine learning** è un metodo che consente ai computer di imparare dai dati senza essere esplicitamente programmati. In marketing, questi algoritmi vengono utilizzati per analizzare i comportamenti dei consumatori, prevedere tendenze di acquisto e personalizzare le esperienze degli utenti in modo automatico. Alcuni dei più comuni sono la regressione logistica, gli alberi decisionali e le reti neurali.

2. Reti Neurali Artificiali (ANN)

Le **reti neurali artificiali** sono modelli computazionali ispirati al cervello umano. Sono in grado di riconoscere schemi complessi nei dati, come immagini, testi e suoni. In AI marketing, le reti neurali sono utilizzate per analizzare grandi volumi di dati non strutturati, come il comportamento sui social media o le recensioni dei clienti, per fare previsioni e ottimizzare le campagne di marketing.

3. Deep Learning

Il **deep learning** è una sotto-categoria del machine learning che utilizza reti neurali profonde, composte da più strati (layer), per analizzare enormi quantità di dati. È particolarmente efficace nell'elaborare informazioni complesse, come immagini, video o linguaggio naturale, e viene utilizzato in marketing per la segmentazione avanzata dei clienti, la personalizzazione e il riconoscimento facciale nei contenuti visivi.

4. Analisi Predittiva

L'**analisi predittiva** è una tecnica che utilizza dati storici, algoritmi statistici e machine learning per prevedere eventi futuri. In AI marketing, viene utilizzata per prevedere il comportamento dei consumatori, come le probabilità che un cliente effettui un acquisto o abbandoni un carrello, migliorando la personalizzazione delle offerte e ottimizzando la gestione delle campagne.

5. Natural Language Processing (NLP)

Il **Natural Language Processing** (NLP) è un campo dell'intelligenza artificiale che si occupa dell'interazione tra computer e linguaggio umano. Nel marketing, l'NLP viene utilizzato per analizzare testi e linguaggio naturale, come nelle chat automatizzate (chatbot), nelle analisi del sentiment sui social media e nella gestione delle recensioni dei clienti. L'NLP consente di comprendere meglio le intenzioni dei clienti attraverso le loro parole e rispondere in modo pertinente.

6. Chatbot

Un **chatbot** è un programma di intelligenza artificiale progettato per simulare conversazioni umane attraverso chat, rispondendo automaticamente alle domande o richieste degli utenti. I chatbot sono utilizzati nel marketing per il servizio clienti, la raccolta di lead e la personalizzazione delle interazioni con i clienti in tempo reale, riducendo i costi operativi e migliorando l'esperienza utente.

7. Machine Vision (Visione Artificiale)

La **machine vision** (o visione artificiale) è la capacità dei computer di interpretare e comprendere immagini e video, un processo che simula la visione umana. In marketing, la machine vision viene utilizzata per analizzare i comportamenti visivi dei consumatori, come il riconoscimento di loghi, prodotti o volti nei video pubblicitari, e per ottimizzare il contenuto visivo per aumentare l'engagement.

8. Segmentazione del Mercato

La **segmentazione del mercato** è il processo di suddivisione di un mercato in gruppi di consumatori che condividono caratteristiche simili. L'AI utilizza algoritmi avanzati per creare segmenti di mercato molto più precisi, basati su dati comportamentali e psicografici, consentendo ai marketer di personalizzare le offerte e raggiungere il pubblico giusto con il messaggio più rilevante.

9. Personalizzazione Dinamica

La **personalizzazione dinamica** si riferisce alla capacità di adattare il contenuto e le offerte ai consumatori in tempo reale, sulla base delle loro azioni e comportamenti precedenti. L'AI rende possibile la personalizzazione in tempo reale, adattando ad esempio i messaggi pubblicitari o le raccomandazioni di prodotto in base alle interazioni attuali dell'utente con il brand.

10. Sistemi di Raccomandazione

Un **sistema di raccomandazione** è un tipo di sistema che suggerisce prodotti o contenuti a un consumatore in base alle sue preferenze, ai suoi comportamenti passati e a quelli di altri utenti simili. I sistemi di raccomandazione basati su AI sono ampiamente utilizzati da piattaforme come Amazon, Netflix e Spotify, e sono utilizzati nel marketing per ottimizzare le offerte e migliorare l'esperienza del cliente.

11. Customer Lifetime Value (CLV)

Il **Customer Lifetime Value (CLV)** è una previsione del valore totale che un cliente apporterà a un'azienda durante tutta la sua durata di relazione con essa. L'AI aiuta a calcolare il CLV con maggiore precisione, prevedendo i comportamenti futuri dei consumatori in base ai dati storici e ottimizzando le strategie di acquisizione e fidelizzazione dei clienti.

12. Sentiment Analysis

La **sentiment analysis** è una tecnica di AI utilizzata per analizzare le opinioni e le emozioni espresse dai consumatori attraverso testi, come post sui social media, recensioni o commenti online. Attraverso l'NLP, i sistemi AI possono determinare se un'opinione è positiva, negativa o neutra, aiutando le aziende a monitorare la percezione del brand e ad adattare le strategie di marketing di conseguenza.

13. A/B Testing Automizzato

L'**A/B testing automizzato** è un approccio che utilizza algoritmi AI per eseguire test in tempo reale su diverse varianti di un messaggio, di un layout o di una campagna. L'AI analizza i risultati di questi test e ottimizza automaticamente la strategia per migliorare i tassi di conversione e l'efficacia complessiva della campagna.

14. Internet of Things (IoT)

L'**Internet of Things** (IoT) è un sistema di dispositivi connessi a Internet che raccolgono e scambiano dati. Nel marketing, l'IoT è utilizzato per raccogliere dati comportamentali in tempo reale sui consumatori, come l'utilizzo di dispositivi intelligenti, sensori di movimento e app mobili, per migliorare la personalizzazione e anticipare le necessità dei clienti.

15. Automazione del Marketing

L'automazione del marketing è l'uso di software e intelligenza artificiale per automatizzare attività ripetitive come l'invio di email, la gestione dei social media e il targeting pubblicitario. L'AI consente una personalizzazione avanzata delle automazioni, ottimizzando l'efficacia e riducendo il carico di lavoro manuale.

Conclusioni

L'AI marketing è una disciplina in rapida evoluzione, che sta ridefinendo il modo in cui i marketer si avvicinano al pubblico e gestiscono le loro campagne. Comprendere i termini chiave e le tecnologie è essenziale per navigare con successo questo nuovo panorama. Con l'approfondimento delle potenzialità dell'AI, le aziende sono in grado di prendere decisioni più informate, offrire esperienze più personalizzate e prevedere con maggiore precisione il comportamento dei consumatori, dando loro un vantaggio competitivo significativo nel mercato globale.

INFORMAZIONI SULL'AUTORE

Filippo Bonavanno è un appassionato esperto di marketing digitale e intelligenza artificiale, con un'anima da nerd che si riflette in ogni progetto che porta avanti. Dopo aver iniziato a programmare all'età di 14 anni, ha sviluppato un'ossessione per le tecnologie emergenti e per come queste possano rivoluzionare il mondo del marketing. Da autodidatta, ha imparato a padroneggiare algoritmi complessi, machine learning e data analysis, applicandoli nel mondo del marketing digitale per ottenere risultati straordinari. Oggi, Filippo è un consulente indipendente e libero professionista, che aiuta le aziende a sfruttare il potere dell'intelligenza artificiale per ottimizzare le loro strategie di marketing e raggiungere obiettivi ambiziosi.

Con una forte inclinazione per la sperimentazione, Filippo è costantemente alla ricerca di nuove soluzioni per automatizzare, ottimizzare e innovare il marketing. Che stia analizzando i comportamenti dei consumatori o costruendo complessi modelli predittivi, il suo approccio è sempre guidato dalla curiosità e dalla passione per la tecnologia. Oltre al suo lavoro da consulente, Filippo è anche un autore apprezzato nel campo del digital marketing e dell'AI, dove condivide la sua visione di un futuro in cui l'intelligenza artificiale non solo supporta, ma trasforma radicalmente il marketing.

Quando non è immerso nella programmazione o nella lettura di articoli accademici sull'AI, Filippo si dedica a hobby "nerd" come i videogiochi, i fumetti di fantascienza e le maratone di film su universi futuristici.

Usa queste pagine per delle note personali: